Pe. LOURENÇO KEARNS, C.Ss.R.

# TEOLOGIA DO VOTO DE CASTIDADE

EDITORA
SANTUÁRIO

COORDENAÇÃO EDITORIAL: Elizabeth dos Santos Reis
REVISÃO: Ana Lúcia de Castro Leite
CAPA: Tiago Mariano da Conceição
DIAGRAMAÇÃO: Alex Luis Siqueira Santos

---

**Dados Internacionais de Catalogação na Publicação (CIP)**
**(Câmara Brasileira do Livro, SP, Brasil)**

---

Kearns, Lourenço
    Teologia do Voto de castidade / Lourenço Kearns. — Aparecida,SP: Editora Santuário, 2004
(Coleção Claustro, 6)

    Bibliografia
    ISBN 85-7200-923-X

    1. Castidade 2. Vida religiosa e monástica 3. Voto de castidade
I. Título. II. Série.

304-3448                                                                                         CDD248.894

---

**Índices para catálogo sistemático:**

1. Vida religiosa consagrada: Voto de castidade:
Teologia: Cristianismo 248.894
2. Voto de castidade: Teologia: Vida religiosa
e consagrada: Cristianismo 248.894

---

7ª impressão

Todos os direitos reservados à **EDITORA SANTUÁRIO** – 2020

Rua Pe. Claro Monteiro, 342 – 12570-000 – Aparecida-SP
Tel.: 12 3104-2000 – Televendas: 0800 - 16 00 04
www.editorasantuario.com.br
vendas@editorasantuario.com.br

# INTRODUÇÃO

Sem muito exagero, o voto de castidade captou a renovada atenção não só de pessoas que querem radicalmente consagrar sua vida a Deus, como também da imprensa secular que muitas vezes assumiu o lugar de uma autoridade absoluta sobre o voto de castidade sem entender nada de sua rica teologia e de sua longa tradição na Igreja. Parece que a imprensa procura tocar somente nas questões de sensacionalismo sobre a abstinência sexual e dos abusos sexuais sem considerar que um grande número de religiosos/as alegremente e fielmente vive esse voto. É tão fácil achar artigos, em casos distorcidos, que falam do sentido e da vivência desse voto.[1] O assunto vai da alegria, da profecia e do espanto diante duma pessoa casta, como a Beata Madre Teresa ou Madre Dulce, à insistência na impossibilidade psicológica de viver essa virtude evangélica "desumana". Pior é a presunção que o voto de castidade é, sem dúvida nenhuma, a causa primária de homossexualidade e da pedofilia entre pessoas consagradas ou sacerdotes. Em poucas palavras, o assunto e o interesse no voto de castidade não se limitam mais somente aos círculos religiosos. Embora existam alguns estudos sérios que

---

[1] *Dicionário de Teologia Moral – Sexualidade:* São Paulo, Paulus, 1997, p. 1157.

nos questionam sobre importantes áreas de nossa sexualidade como pessoas consagradas, por outro lado, há muitas bobagens escritas sem profissionalismo algum e por mero sensacionalismo.

Mas o perigo recente coloca a ênfase em que o voto de castidade está reduzido *somente* à realidade que um religioso/a casto/a não pode se casar e, por isso, está proibido de praticar um ato de sexo genital. Cometer esse erro é correr o perigo de não entendermos nada sobre esse voto que milhares de homens e mulheres já escolheram pelos séculos, como um modo de viver sua experiência de Deus. Pessoas que foram, e ainda são, totalmente normais e alegres em sua sexualidade. A castidade religiosa tem uma teologia muita rica e tem santificado muitos homens e mulheres em sua vida casta livremente escolhida. A castidade religiosa é um meio de seguir de perto o Mestre Jesus, que primeiro escolheu esse mesmo caminho de castidade "em favor do reino", como uma parte importante de sua consagração ao seu Pai (Mt 19,1-12). Sem entender a pessoa de Cristo e sua opção pela castidade é impossível até começar a falar sobre esse voto, e muito menos querer viver esse voto seguindo o Mestre Jesus em sua castidade.[2]

Neste livro buscaremos examinar um modelo de castidade do passado que, de fato, distorceu e continua distorcendo a rica teologia desse voto. Alguns religiosos/as, Províncias e Congregações ainda não passaram a adotar uma teologia positiva, libertadora e enriquecedora

---

[2] ALONSO, Severino, *A Vida Consagrada*, São Paulo, Ave Maria Edições, 1991, p. 243.

na prática desse voto. Falta muito ainda para entender que os religiosos/as possam ser proféticos e realizados na vivência alegre dessa doação a Deus por opção humana e livre.

Vamos comentar sobre um novo modelo de castidade que foi a redescoberta numa rica teologia positiva de castidade que os grandes mestres de espiritualidade deixaram-nos pelos séculos. Há toda uma tradição na Igreja sobre esta virtude evangélica livremente assumida por homens e mulheres que quiserem e querem seguir o mesmo caminho escolhido pelo Rabi Jesus Cristo.[3]

Trataremos em um dos capítulos a rica teologia desse voto que, infelizmente, foi tristemente esquecida nos últimos séculos. Em seu lugar, houve somente uma teologia baseada em considerações *jurídicas e morais,* e por uma visão estreita e negativa do valor dessa virtude evangélica. Infelizmente o voto de castidade foi reduzido a seu aspecto virginal ou genital. Esquecemos que ele fala de nossa capacidade para amar e sermos amados através de um serviço alegre e generoso.

Em seguida, abordaremos algumas realidades e dificuldades em viver proféticamente e teologicamente esse voto num mundo pós-moderno que, não só não entende, mas distorce sua beleza. Por isso, há necessidade de rever e atualizar a maneira que profetizamos esse voto para que possa ser visto e apreciado.

Enfocaremos o assunto importante da espiritualidade ao redor da vivência do voto de castidade para ser

---

[3] *Compêndio do Vaticano II,* Petrópolis, Editora Vozes, 1969, parágrafo 42.

criativamente uma resposta profética de amor a Deus, que nos amou primeiro em imitação de Cristo casto. Castidade, no fim, fala de uma resposta radical de amor para um Deus que amou primeiro seu consagrado/a numa forma radical.

Gostaria de pedir que a leitura deste livro não seja feita rapidamente sem antes rezar os assuntos apresentados. Não é um livro intelectual. É um livro sobre a vida cotidiana e a alegria que esse voto pode oferecer-nos para chegarmos mais perto do amor a Deus, aos nossos co-irmãos/ãs em comunidade e ao povo de Deus que servimos em nossa castidade. Tentem rezar na paz a riqueza deste voto que, profeticamente, nos leva a refletir o amor de Deus a cada um de nós que forma uma parte essencial do voto da castidade. Castidade não é só o consagrado/a amando a Deus, mas é deixar que Deus ame seu consagrado/a como Ele tanto quer. Castidade fala dum amor radical a Deus e ao próximo como resposta concreta da descoberta e da experiência na contemplação que Deus nos amou primeiro. Castidade fala de uma *aliança de amor mútuo*. Também sinto que precisamos partilhar mais sobre os assuntos deste livro num contexto comunitário. Para facilitar esta possibilidade vou deixar algumas perguntas para a partilha comunitária no fim de cada capítulo.

E, finalmente, a finalidade desta apresentação é ajudar os leigos/as cristãos/ãs entenderem nosso voto religioso de castidade. Falta muito para os leigos/as entenderem nossa escolha livre de castidade, a fim de que nossa profecia seja por eles entendida e apreciada.

Se puder, coloque este livro nas mãos dos leigos/as para que eles/as possam partilhar conosco suas observações sobre o voto de castidade, e possam entender melhor o significado de seu próprio Batismo. Os leigos/as também podem partilhar conosco nossa profecia na vivência desse voto, bem como partilhar o que esperam de nós. Espero que o conteúdo deste livro possa libertar meus irmãos religiosos de muitos erros que recebemos em nossa formação inicial e permanente. O voto de castidade é um voto que deve libertar-nos para amar mais e melhor, e para nos fazer profundamente realizados e alegres. Onde isso não está acontecendo, é preciso nos questionar. Precisamos libertar-nos e converter-nos. Que o Espírito Santo, o Espírito de amor e o Espírito da castidade ajudem-nos a crescer em nossa profecia da castidade no mundo de hoje. Que o amor casto de Deus, Pai, Filho e Espírito Santo encha nosso coração e nos leve a continuar a profecia do amor Trinitário no mundo de hoje, por meio de nosso voto de castidade.

Uma palavra de agradecimento ao Diácono Redentorista Francisco Santos Lima que, com muita paciência, revisou o texto original deste livro.

# 1 MODELOS DO VOTO DE CASTIDADE

Gostaria de fazer um esclarecimento no início deste capítulo. Quando falamos de formação sobre o voto de castidade na vida consagrada, sempre devemos distinguir entre dois períodos bem distintos de formação. Um período fala do tempo em que os religiosos/as foram formados antes do Concílio Vaticano II. A esse respeito, a primeira parte deste capitulo falará do tipo de formação que os religiosos/as receberam a respeito do voto da castidade. Essa reflexão também se refere à formação permanente desse tempo.

O segundo período, que trata de uma formação bem diferente, seria após a influência do Concílio Vaticano II e o resultado da revolução sexual. Não há comparação entre estes dois períodos sobre a formação para a vivência do voto de castidade. Houve coisas positivas como também defeitos nos dois períodos. Por isso, precisamos nos colocar em nossa situação histórica de formação para apreciar as colocações diferentes das duas formações iniciais e permanentes, isso porque nossas comunidades hoje são constituídas de membros que receberam formações bem diferentes. Há necessidade de entender o processo de todos os membros numa comunidade para que possamos viver mais alegremente a união no meio das diferenças.

# 1. Antes do Concílio Vaticano II

Faz pouco tempo que existia, honestamente falando, somente um modelo predominante sobre o voto de castidade. Foi um modelo que, podemos dizer, reduziu o voto da castidade somente a considerações sobre a sexualidade genital e a proibição de casamento em um lado, e considerações canônicas e legais, de outro lado. Foi, e continua sendo em algumas congregações, uma visão extremamente estreita e negativa que não causa profecia na Igreja nem no mundo. O Concílio Vaticano II apresentou traços duma nova teologia redescoberta, e a necessidade de atualização. Mas, infelizmente, o velho modelo sobre castidade não acabou em algumas congregações masculinas e femininas até hoje.[4] E há sinais de que, depois de determinado avanço na direção certa, exista um retrocesso para uma orientação bem negativa. Até mesmo em algumas congregações fundadas depois do Concílio Vaticano II, há uma retomada negativa a respeito da castidade.

Para manter esse modelo antigo, uma porção de "leis" e "proteções" infiltravam todo o sistema de formação inicial e permanente. Essa visão velha não só tratou da proibição do casamento, mas até suspeitou de qualquer relacionamento íntimo, humano e casto entre pessoas do outro ou do mesmo sexo. Castidade, como uma virtude evangélica a ser vivida, foi reduzida a uma atitude negativa

---

[4] *Compêndio do Vaticano II*, op. cit., parágrafos 1250-1252; veja também parágrafos 1219-1224.

sobre tudo que tocava em nossa sexualidade como pessoas humanas. Sexualidade, em qualquer de suas manifestações, foi apresentada como algo mau e sinistro e, por isso, devia ser eliminada de nossas vidas como algo pecaminoso. A sexualidade, portanto, promoveu no coração dos consagrados/as uma desconfiança em si mesmos e nos outros, e certamente, em qualquer relacionamento humano. O voto foi reduzido mais para o que não pode ser ou fazer do que para um meio evangélico para experimentar o amor de Deus e a Deus, e um amor ao próximo como pessoas sexuadas, sadias, e consagradas. Foi uma visão puritana, ou até jansenista, que viu malícia e pecado em qualquer manifestação de nossa sexualidade.[5] Tudo foi apresentado como um perigo contra nosso voto de castidade e, por isso, tivemos de lutar constantemente contra tudo que poderia "manchar" nossa pureza. A castidade foi apresentada para nós na formação inicial somente em seu aspecto de continência e virgindade ou como a "rainha" de todas as virtudes da vida consagrada. Consequentemente, pensamentos e atos contra a castidade foram dramaticamente apresentados como as piores ofensas possíveis contra Deus por pessoas consagradas. Castidade ficou até maior do que a caridade que, de fato, é a rainha de todas as virtudes cristãs porque Deus é amor (1Jo 4,3-21). A vigilância sobre nossa sexualidade genital e todos os outros aspectos de nossa sexualidade

---

[5] Jansenismo foi uma heresia dos séculos XVII e XVIII que pregou a salvação de poucos e a condenação da maioria ao inferno. Somente os "perfeitos" vão ser salvos e quem determinou quem seria um dos "perfeitos" foi a predestinação de Deus. Por isso, quase tudo que o cristão "não-predestinado" fez foi pecado e isso especialmente a respeito de qualquer manifestação de sexualidade. Somente os "perfeitos" foram "puros".

ficou mais importante do que a prática de amor e de caridade no contexto comunitário e apostólico. Toda noção positiva do voto da castidade foi esquecida em favor dessa visão estreita e negativa.[6] Essa visão estreita tirou mesmo o coração e a profunda alegria da teologia desse voto evangélico que o próprio Cristo encarnado escolheu por viver primeiro e, depois pelos séculos, convidou muitos/as a "seguir" seu caminho que levou os consagrados/as à prática de amor e à santidade. O coração desse voto e sua virtude foram esquecidos como um compromisso para viver nossa consagração amando a uma pessoa, Jesus Cristo, com um amor incondicional expresso por meio da vida celibatária por toda vida alegremente assumida, e por meio da vida de serviço aos necessitados. O compromisso de castidade é uma doação total de si mesmo como um dom consciente a Deus que forma uma prioridade absoluta de amor a Cristo na vida da pessoa consagrada.[7]

Todas as ricas teologias sobre sexualidade e sobre sexo foram assuntos cuidadosamente despistados para "proteger" os candidatos/as à vida consagrada. Tudo sobre sexo e sexualidade ficou sempre como uma agenda escondida que, no fim, não ajudou a formar candidatos/as para viver e profetizar essa virtude evangélica excepcional. A pureza simplesmente exigiu que não falasse nunca desses assuntos delicados. A "fuga do mundo" teve muita a ver com o sentido de sexualidade e o voto

---

[6] SCHNEIDERS, Sandra I. H. M., *Selling All,* New York, Paulist Press, 2001, p. 169.
[7] SCHNEIDERS, op. cit., p. 80.
[8] LAPENTA, Victor H. S., *Masculino e Feminino na Vida Religiosa,* Psicologia e Vivência, n. 4, São Paulo, Edições Loyola, CRB 2000, p. 19.

de castidade.[8] O fato que fomos feitos à semelhança de Deus, que também inclui necessariamente nossa sexualidade, e que tudo "era bom", e que também inclui necessariamente nossa sexualidade (Gn 1,26-31; 2,15-25), foram esquecidos para frisar o perigo e a desconfiança no sexo em geral. Foi totalmente uma visão negativa que formou pessoas para desconfiarem de sua sexualidade e da sexualidade dos outros/as. O ideal foi formar-se numa pessoa assexuada — sem sexo e sem sexualidade.

É claro que esse processo de fazer do sexo algo mau e negativo começou na maioria de nossos lares com nossos próprios pais onde o assunto de sexo, em geral, tornou-se um assunto mudo ou "sujo". Foi reforçado pela pregação que recebemos na Igreja e nos ensinamentos da teologia moral, embora mal entendido, que toda e qualquer manifestação de sexualidade genital, fora do ato sexual em casamento, foi automaticamente *um pecado mortal*. As pregações sobre sexualidade, e pior ainda, as sobre o voto de castidade em retiros para pessoas consagradas, foram reduzidas somente a isso: o pecado e o aspecto genital da castidade, especialmente o pecado de masturbação. A prática da exigência duma confissão geral em cada retiro, e, especialmente de nossos pecados contra castidade, causou anualmente pavor e sofrimento nos religiosos/as. Toda essa orientação que frisou a maldade do sexo em qualquer forma reforçou um terrível dualismo em nós entre o corpo e o espírito. Tudo que falou do "corpo", e especialmente de nossa sexualidade, foi considerado

---

[9] O'Murchu, op. cit., p. 128-129.

mal, e dualisticamente somente o "espírito" valeu.[9] E, finalmente, todo esse processo negativo foi reanimado em nossa formação inicial porque o sexo continuou sendo um tabu. Em poucas palavras, ficamos profundamente marcados/as com esses conceitos negativos sobre nossa sexualidade. Tudo isso teve uma conotação negativa diante do voto de castidade e influenciou gerações de religiosos/as. Muitos religiosos/as agora precisam de uma profunda libertação para acolher seu sexo e sua sexualidade como um dom de Deus e algo que nos faz "mais gente", e até mais "divino", porque Deus é amor e nossa sexualidade reflete esse Deus de amor. Sexualidade nos faz capazes de amar e sermos amados como Deus sempre quis. Gerações de religiosos/as sofreram tanto com escrúpulos sobre o ensinamento que qualquer manifestação de sexualidade foi um "pecado vergonhoso"[10] e até um pecado mortal que os excluíram da participação da santa comunhão. Até pensamentos involuntários, por causa do senso de escrupulosidade, foram aceitos automaticamente como pecados mortais e fizeram os religiosos/as infiéis para receber Cristo. Esse ensinamento frisou que manchamos nosso templo com impureza e, por isso, Cristo seria ofendido se entrasse em nosso templo. Esse foi um conceito comum, não só entre religiosos/as, mas também entre os leigos/as, que foram expostos às mesmas pregações e à mesma teologia moral. Foi uma das razões atrás das confissões frequentes e desnecessárias, especialmente, antes de comungar.

---

[10] Lapenta, Victor H. S., op. cit., p. 20.

## 2. Consequências desse modelo distorcido da castidade

1) Já que qualquer manifestação de sexualidade foi considerada um "pecado" numa linha puritana e jansenista, então, o trabalho da formação inicial e permanente na vida religiosa foi para eliminar sistematicamente quaisquer manifestações de nossa sexualidade como se fossem uma ofensa moral contra Deus e nosso voto de castidade. Nossa maneira de vestir, nossa postura rígida, o conteúdo de nossas conversas e a maneira como nos comportamos, o perigo de relacionamentos com nossos próprios familiares, tudo, enfim, que tocava em sexualidade, foi progressivamente "purificado" como algo mau e destrutivo para poder assumir um modelo e uma vivência autêntica da castidade. Infelizmente, esse processo incluiu também qualquer manifestação de nossa feminilidade ou masculinidade. Tudo que poderia eliminar sinais de nossa sexualidade foi considerado uma "virtude". A vida não crítica dos Santos/as e outros livros espirituais, que reforçaram esse modelo, foram colocadas em nossas mãos como os grandes exemplos da castidade. Mas eles contiveram algumas colocações incríveis que hoje percebemos mostrar mais doenças psicológicas do que sinais de pessoas sadias.[11] Características femininas e masculinas foram eliminadas em nome da "santa pureza".

---

[11] Lembro-me bem, lendo como um jovem seminarista a vida de Santo Aloísio, padroeiro dos seminaristas. Se fosse estória ou história eu não sei, mas o autor disse que ele nunca olhou para o rosto de sua mãe em sinal de sua castidade. Essa prática de penitência, se fosse a verdade, demonstra uma visão mórbida e doente da castidade.

Ternura, amizades, toques inocentes que são naturais e normais entre amigos/as, diálogo franco e aberto, intimidade, que são todos sinais positivos de nossa sexualidade, foram considerados errados e pecaminosos e, por isso, devem ser eliminados. O ideal foi tornar-se numa pessoa *assexuada*, sem sexo e sem manifestações saudáveis de sexualidade. Esse foi o ideal apresentado para nós como um dos fins do voto de castidade. Um forte dualismo foi introduzido em nossas vidas, onde o corpo, especialmente nossa sexualidade e tudo o que ela representou, foi "mau" e somente o espírito foi "puro". Portanto, houve todo um sistema de formação para eliminar o "corpo" ou a sexualidade para favorecer o espírito. Infelizmente, muitos religiosos/as não somente foram forçados a viver esse dualismo, mas muitos eventualmente o aceitaram e tornaram-se pessoas, de fato, assexuadas. Foi uma formação "baseada na defesa e não no amadurecimento".[12] Assim, ficamos longe de ser sinais proféticos do amor de Deus. Como o povo de Deus em sua simplicidade anotou esses sinais em alguns de seus religiosos/as e ficaram tristes diante dessas pessoas desfiguradas "em nome de Deus". Eles perceberam pessoas profundamente tristes que não souberam amar como Cristo nos amou e, pior, pessoas que foram incapazes de dar, de acolher e de apreciar sinais normais de afeição do povo. Foram pessoas frias e não realizadas. Enfim, uma ideologia de formação negativa e fechada conduziu à uma formação humano-afetiva bastante deficiente e prejudicada. O religioso/a facilmente podia permanecer

---

[12] Tepe, W., *Diálogo e auto-realização*, Petrópolis, Vozes, 1977, p. 68.

imaturo afetivamente e sexualmente e estacionado na fase da adolescência.[13]

**2)** O fato que tudo que tratou de sexualidade foi "pecado" e deve ser evitado, houve, então, consequências fortes e negativas no contexto da vida comunitária. Desde o início de formação no Aspirantado, houve regras estranhas que os formandos/as cumpriram sem saber ou entender o porquê dessas regras. Por exemplo, se duas pessoas mostraram qualquer sinal de afeição entre si, ou falaram individualmente algumas vezes, já foram taxadas em formar uma *"amizade particular"*. Essa amizade logo foi cortada e, muitas vezes, o crescimento normal de nossa sexualidade também foi cortado porque amizades fazem parte essencial e saudável no crescimento normal de nossa sexualidade. Verdadeiro diálogo, que exige a prática de intimidade, e que toca em nossa sexualidade, foi desencorajado, ficando somente sobre coisas superficiais sem poder falar de coisas acontecendo dentro de nós mesmos. Intimidade foi somente reservada para um Cristo *assexuado* e mais ninguém. A dimensão espiritual, isto é, um relacionamento com Deus na oração, foi de importância central nesse modelo antigo, mas, infelizmente, a oração foi apresentada como uma desculpa para fugir de relacionamentos com outros/as na dimensão humana e sexual.[14] Não é de surpreender que, depois de anos de vivência juntos, alguns

---

[13] Garcia Rubio, A., *Nova evangelização e maturidade afetiva*, São Paulo, Paulinas, 1993, p.144.
[14] O'Murchu, op. cit., p. 132.

religiosos/as ainda não conheciam uns aos outros/as. Vivemos juntos, mas, desconhecemos uns aos outros/as. Crescemos então numa "estufa" protegidos de qualquer forma normal de sexualidade comunitária. Mas não existe uma comunidade normal sem sexualidade.[15] Crescemos, as vezes, com uma falta de sermos sensíveis uns aos outros. Frigidez foi a resposta elogiada em nossa formação diante de todas as nossas reações humanas e sexuais. E frigidez mata qualquer prática ou virtude da castidade e da caridade ao invés de promovê-las como uma profecia do amor de Deus na terra.

A formação inicial também evitou quaisquer relacionamentos normais entre pessoas de outro sexo. Criamos uma atmosfera de somente um sexo, masculino ou feminino, onde todo relacionamento fora desse ambiente foi considerado ao menos perigoso. Por causa disso, muitos religiosos/as não foram preparados, depois do tempo da formação inicial, para confrontar-se com o apostolado e com os relacionamentos normais com pessoas de outro sexo. Ficamos, por vezes, ingênuos/as e cordeiros no meio de lobos. Pior ainda, estávamos despreparados/as para ler, acolher e discernir com tranquilidade e paz sinais normais e anormais de sexualidade e afeição.

3) Dois resultados que vieram do fato que os formadores simplesmente não trataram qualquer assunto sobre sexualidade, fora dos "perigos": o primeiro foi a criação duma atmosfera de desconfiança na comunidade diante de qualquer sinal de ternura; e o segundo, uma obsessão

---

[15] SCHNEIDERS, op. cit., p. 62.

para conhecer mais sobre "essas coisas proibidas". O primeiro resultado teve efeitos permanentes na vivência saudável na comunidade. Sempre existia certa atmosfera de desconfiança nos outros e em suas intenções. O melhor caminho para afastar qualquer problema nessa área de afetividade e de intimidade com coirmãos/ãs foi sempre a resposta de manter distância. Comunicamos fatos uns aos outros/as, mas tivemos medo de falar de nossas pessoas íntimas. Houve, então, certa barreira criada entre os membros de uma comunidade, que não foi o ideal para formar uma comunidade de celibatos/as na profunda alegria de mútua doação de si mesmos a Deus e aos outros. O religioso/a poderia chegar até certo ponto de auto-revelação e dramaticamente parou quando incluiu coisas mais íntimas sobre sua pessoa e sua personalidade, e nem se fala, de sua sexualidade. Tivemos medo de expressar nossos sentimentos normais para outros membros da comunidade porque isso significaria, ao menos, uma tendência para a homossexualidade.

O segundo problema foi a falta de educação sexual, com uma orientação positiva e saudável durante a formação inicial. Antes do Concílio Vaticano II, a maioria dos formandos/as entrou na formação inicial durante sua adolescência, e a grande maioria ainda não recebeu de seus pais uma educação sexual adequada. Mas a curiosidade sexual cresceu normalmente entre os formandos/as, como em qualquer adolescente ou jovem adulto, mas não foi fornecida uma fonte de educação sexual saudável e adequada no sistema de formação. A maioria aprendeu sobre sexo na "rua" sem conhecimento básico e cristão sobre sexo e sexualidade, e essa formação errada, infelizmente, ficou gravada e distorcida em nossos corações. Recebemos uma formação distorcida e estreita na qual o sexo foi reduzido somente ao prazer genital e pessoal sem a necessidade de pensar em/ou interessar nos outros/as. Uma visão que, infelizmente, mais tarde vai atrapalhar o conceito, a teologia e a vivência da castidade porque recebemos somente uma orientação profundamente egocêntrica e egoísta. Houve, sem dúvida, momentos de medo e de confusão quando os sinais que indicaram que chegamos até a maturidade genital começaram a aparecer em nossos corpos, mas sem entender o que estava acontecendo e com medo de falar sobre essas coisas com outros. Alguns/as simplesmente concluíram que esses sinais foram coisas "sujas" reforçando a imagem negativa e pecaminosa sobre sexo em suas vidas.

4) Outra conclusão foi que a castidade foi algo que precisa ser protegida de fora para dentro e não de dentro para fora. A ênfase na formação foi nas coisas externas ("não faça"), ao invés de confronto calmo e sereno sobre o que esteve em nosso coração e em nosso inconsciente. *"Não é o que entra na boca que torna o homem impuro, mas o que sai da boca, isso torna o homem impuro"* (Mt 15,10-11). Em outras palavras, houve tanta ênfase em coisas externas para proteger a castidade que esquecemos de cuidar do mais importante, isto é, nosso interior de onde vêm o bem e o mal. É do interior de nosso coração que *"saem as más intenções, a imoralidade... malícia e adultério"* (Mc 7,14-23). Ao invés de buscar a conversão do coração, e sem uma orientação sexual sadia, fomos

dirigidos a resolver o problema de nossa sexualidade usando somente meios externos quando, de fato, o problema estava dentro de nós e não fora de nós. Por isso, muita coisa foi fatalmente aceita como inevitável nas manifestações de nossa sexualidade. O problema estava dentro de nós, mas sempre tentamos colocar o problema, se não a culpa, como se estivesse fora de nós. Não recebemos uma orientação de como nos confrontar com nossa sexualidade com calma, paz e normalidade. Por isso, até com penitências absurdas, tentamos nos proteger contra "maus pensamentos", como se fossem os frutos do "demônio" e não de nossa própria sexualidade humana. Esses pensamentos foram coisas naturais por causa de nossa idade adolescente naquele tempo, mas não entendemos isso dessa forma. Julgamos que fomos "impuros" diante dos desejos sexuais que foram normais no desenvolvimento de nossa sexualidade. Mas não fomos orientados/as para perceber que o problema esteve dentro de nós e a conversão deve começar "no coração". Sofremos tantos anos inutilmente porque não sabíamos acolher com tranquilidade nossos desejos sexuais e começar o processo de conversão interior e não exteriormente. Deus sempre nos acolheu com toda a nossa totalidade que inclui nossa sexualidade, e nunca nos julgou por coisas das quais não temos controle, nem culpa. Pensamentos sexuais vêm e vão sem os procurarmos. Mas quando eles aparecem, precisamos buscar, com calma, uma solução evangélica. O problema e a solução estão dentro de nós e não fora. Não adianta nos torturarmos para eliminar essa realidade.

5) Uma conclusão bem positiva desse modelo de formação foi a ênfase em serviço aos necessitados que faz parte importante da castidade. Embora a beleza da teologia da castidade fosse escondida pela ênfase na obediência e em fazer obras, mesmo assim, o testemunho impressionante de castidade por meio de serviços que os religiosos/as prestaram aos mais necessitados foi bem claro. No início do século passado foram as religiosas/os que cuidaram dos abandonados nos asilos, nos hospitais, nas escolas e entre os povos excluídos. Foi uma testemunha evangélica da castidade que nem sempre foi entendida assim pelos próprios religiosos/as por falta de uma teologia da castidade. Foi entendida mais na linha da obediência religiosa do que da castidade religiosa. Mas o amor e a ternura que os membros da vida religiosa mostraram para essas pessoas pobres foi algo profético e marcante. O povo de Deus podia ver o rosto de Deus nos rostos desses consagradas/os por meio de sua castidade como serviço alegre e dinâmico.

## 3. Depois do Concílio Vaticano II

A formação sobre o voto de castidade mudou, não tanto porque a vida religiosa quis descartar seu modelo tradicional, mas porque o próprio candidato/a à vida consagrada e os sinais dos tempos mudaram. Foram os resultados da revolução sexual, do movimento feminista, dos avanços da ciência biológica sobre nossa sexualidade e as descobertas na ciência psicológica que desmistificaram o segredo do sexo e da sexualidade.[16] Agora os candidatos/as não foram mais ignorantes na educação sexual, porque poderiam conseguir tudo possível por meio de revistas, Internet e cursos nas escolas. Mas também houve a redescoberta da teologia desse voto numa forma mais evangélica, positiva e mais comprometedora. Tudo isso nos levou a questionar o modelo velho como algo válido para a formação religiosa. Houve todos os apelos das ciências humanas que abertamente perceberam que algo estava faltando na formação humano-afetiva em nossos sistemas de formação para a vida consagrada e para o sacerdócio.[17] E, finalmente, a própria CRB e a CLAR começaram a abertamente tratar desses assuntos em documentos, orientações, cursos, Novinter, Juninter e na formação permanente. Pouco a pouco, o assunto sobre sexo e sexualidade se tornou um assunto aberto na formação. Não foi fácil essa transição positiva e ela encontrou muita resistência no começo em alguns círculos religiosos e eclesiásticos, até mesmo nos dias atuais.

Os candidatos/as não foram mais aquelas pessoas adolescentes, porque as normas de seleção mudaram na grande maioria das congregações masculinas e femininas. Muitas congregações masculinas clericais abandonaram o sistema de seminário menor, que antigamente aceitaram adolescentes, e começaram a aceitar

---

[16] VIDAL, Marciano. *Dicionário de Moral:* Aparecida, São Paulo, Editora Santuário, 588-589.
[17] ROSSETTI, Stephen "The Celebracy Experience" *Review for Religious,* setembro-outubro (1982). Houve muitos estudos feitos por profissionais psicólogos e sociólogos sobre a imaturidade sexual dos religiosos/as e seminaristas depois de sua formação inicial que seguiram esse modelo velho.

candidatos somente a partir do segundo grau ou aqueles/as prontos para frequentar uma faculdade. Muitas congregações femininas adotaram normas similares. Desse modo, as pessoas que vieram para nós foram formadas física e sexualmente. Muitos dos candidatos/as cresceram num mundo abertamente hedonista onde o prazer sexual tornou-se um absoluto na sociedade. Houve uma permissividade sexual muito grande que teve efeito de uma maneira ou de outra nos candidatos/as. E como Irmã Schneiders disse em sua abordagem sobre o voto de castidade, um bom número dos candidatos/as não somente conheceu a educação sexual como até experimentou sexo explícito em sua caminhada antes de entrarem na formação.[18] Essa mudança de abertura foi um alívio em um sentido para os formadores/as, mas, em outro, os formadores/as precisavam encarar novos desafios para apresentar a castidade como um valor evangélico e como uma prática profética neste mundo hedonista. *Foi absolutamente necessária uma formação mais personalizada do que no passado.* Castidade, literalmente, tornou-se um valor profético que a maioria dos jovens ou não o entenderam, ou até não o aceitaram antes de entrarem na formação. Castidade livremente assumida tornou-se um dos sinais mais dramáticos

---

[18] SCHNEIDERS, op. cit., p. 55-62. Irmã Sandra indica que, embora haja mais programas e testes psicológicas hoje em dia na seleção de candidatos/as, poucos jovens são livres das questões como famílias quebradas, imersão numa sociedade hedonista, a falta de formação moral, ou de experiências sexuais não resolvidas que exigem atenção especial na formação que anteriormente não foram problemas gerais nos candidatos/as. Cfr. também a palestra do Monge Bernardo Bonowitz, OSCO sobre a vida religiosa no século XXI, palestra dada na faculdade de Administração e Economia (FAE) no dia 12 de setembro de 2001 (www.crencaefe.org.br/jornal/outurbro/monge1.htm).

e uma testemunha de vida que colocou a vida consagrada na periferia e no limiar da sociedade, como uma profecia do Reino.[19] Castidade, livremente assumida, ficou um sinal anticultural e, por isso, profético no sentido que correu contra os valores da sociedade hedonista, apresentando uma alternativa evangélica contra as normas "do mundo". O religioso/a está "no mundo", mas declara-se abertamente e profeticamente que não é "do mundo" (Jo 17,16; Rm 12,2). O celibatário religioso/a declara abertamente que abraça uma opção totalmente diferente do mundo. Castidade ficou então como um grande anúncio do evangelho e uma denúncia forte do mundo hedonista. Entretanto, os formandos/as precisavam ser ensinados sobre o valor dessa aventura evangélica. Não podíamos mais presumir que eles/as entenderam esse valor.

A nova visão tratou da castidade mais em seu sentido comunitário e em sua necessidade de serviço aos necessitados na sociedade, redescobrindo somente uma parte da rica teologia desse voto. Essa ênfase causou um apelo mais forte para olhar para a situação social do povo de Deus e para suas necessidades do que uma castidade que se limitou somente como uma luta constante contra a pureza interna e pessoal. Em poucas palavras, a ênfase foi mais para sair de si e servir, do que pensar sobre a guarda de sua castidade como algo pessoal e intimista. Foi um enfoque na prática da castidade totalmente outrocêntrica e não egocêntrica. Falaremos mais sobre isso quando tratarmos a visão teológica do voto de castidade.

---

[19] O'Murchu, Diarmuid, op. cit., p. 118-119.

Embora que a educação sexual da pós-modernidade tenha sido positiva, nem sempre foi acompanhada com um sentido sacro e com as considerações evangélicas de renúncia em favor do Reino. E mais: a prática da liberdade sexual não levou em consideração a moralidade cristã e a responsabilidade sobre sua própria sexualidade, como também a dos outros que apresentaram mais um desafio para a formação inicial.

Mais uma vez, o trabalho de formação sobre o voto de castidade mudou radicalmente. Assuntos antigamente escondidos agora foram abertamente tratados para poder ajudar o candidato/a à vida consagrada a discernir se era capaz para acolher com alegria as exigências dessa vida celibatária. Hoje, jovens (homens e mulheres), que discernem sobre uma vida celibatária, precisam enfrentar os desafios nessa área de sua sexualidade e vida afetiva que são mais explícitos e exigentes do que no passado por causa da própria situação hedonista da sociedade. Por exemplo, o assunto de homossexualidade, que quase nunca foi mencionado no velho modelo, agora é um assunto aberto e necessário. É de suprema importância que os candidatos/as e os próprios religiosos/as professos consigam uma autoaceitação e um conhecimento claro sobre sua orientação sexual. Eles/as precisam aprender explicitamente o que é exigido deles/as como pessoas consagradas, isto é, *a necessidade de abstinência completa e perpétua livremente assumida qualquer que seja sua orientação sexual.*[20]

---

[20] SCHNEIDERS, op. cit., p. 62.

## 4. Diante dessas colocações podemos expor algumas consequências

1) Na pós-modernidade o pêndulo pulou para o outro extremo. Sexo e sexualidade não são mais aqueles segredos escondidos e bem guardados. A realidade é que o oposto está em vigor, isto é, que os candidatos/as vêm de uma sociedade supersaturada com sexualidade e sexo explícito. A revolução sexual quebrou o tabu e abriu as portas para uma libertinagem muito grande. Mas essa verdade criou uma situação pior ainda para ambos os candidatos/as à vida consagrada e ao próprio sistema de formação. Positivamente abriu as portas para que os formadores/as possam falar abertamente sobre sexo e sexualidade em todos os níveis de formação humana e afetiva. Mas, por outro lado, criou muitos problemas que, às vezes, os formadores/as não estavam preparados para enfrentar. Alguns formadores/as sentiram-se despreparados e, pior ainda, até não quiseram mudar as estruturas caducas que "guardavam" a castidade e, infelizmente, não falaram mais para essa nova geração de candidatos/as. De repente, tivemos candidatos/as que não sabiam como entender e, mais importante, apreciar o valor da castidade simplesmente porque são filhos/as de uma sociedade hedonista. *Castidade não é um valor nesta sociedade.* Castidade é um contravalor ou profecia nesta sociedade. Tudo o que antes era proibido agora é válido como um valor, especialmente a ideia de liberdade sexual. Pouco a pouco, apareceram ideias na vida religiosa como a "terceira via" que promoveram e justificaram

não só amizades, mas também até intimidade genital entre pessoas consagradas.[21] De repente, muitas coisas que foram consideradas alheias para pessoas consagradas tornaram-se comuns na vida dos consagrados/as que exigiram os mesmos diretos de casados, mas sem compromisso, sem renúncia e sem profecia. Tudo que um casal no casamento podia fazer, o religioso/a também podia. E assim foi introduzido muito escândalo na Igreja e confusão na formação sobre esse voto na formação inicial e permanente.

O desafio sobre a formação para viver a castidade em favor do Reino totalmente mudou. Não foi fácil para os candidatos/as entender o compromisso evangélico desse voto, muito menos para os formadores/as apresentar esse valor para eles/as. Não foi mais uma ênfase em como preservar a castidade, mas como ajudar os candidatos/as a aceitar livremente e apreciar um valor evangélico que foi relativamente novo em suas vidas. Agora o grande desafio é ensinar o valor da renúncia evangélica para pessoas que são formadas num agudo egocentrismo e no hedonismo da pós-modernidade. O desafio na castidade hoje é formar pessoas capazes de, livremente, sair de seu profundo egoísmo, comodismo e individualismo, para serem pessoas disponíveis a servir e doar-se aos outros na comunidade e no apostolado. E esse desafio não está sendo fácil.

Hoje, precisamos apresentar uma formação que é positiva sobre a castidade. É necessário frisar a necessidade

---

[21] Id. Ibid., p. 129. Veja também O'Murchu, op. cit., p. 139.

de cultivar sua sexualidade em favor do Reino, especialmente no sentido de doação de si mesmo aos necessitados. A sexualidade não é mais o inimigo, mas sim um meio importante para profetizar o Reino numa forma positiva e profética. Esse cultivo de nossa sexualidade "em favor do Reino" sempre será uma questão num processo lento e, às vezes, doloroso, mas libertador. O trabalho de formação é levar o candidato/a a acolher esse valor Cristocêntrico a produzir frutos "cem por cento". E é necessário que sempre haja um espaço para crescer nessa virtude e, por isso, há a necessidade de formação permanente para todos os coirmãos/ãs. Não pode predominar somente a razão de renúncia como a motivação primária da castidade. Sem dúvida, a renúncia entra na realidade do voto, mas como uma consequência de alguma coisa mais profunda e libertadora. A castidade não pode ser definida por aquilo que se abandona (casamento), mas pelo que se oferta como dom a Deus (vida celibatária). A castidade é algo absolutamente positivo.[22] É o que nos ajuda a "seguir Cristo" e continuar Cristo profeticamente na Igreja e no mundo.

**2)** Os candidatos novos/as têm certos problemas que não existiam, quando os candidatos/as entraram em nosso sistema de formação durante sua adolescência. Alguns/as precisam se confrontar com problemas como dependência em comida, fumo, bebidas, jogos e sexo. Outros/as têm uma incapacidade de enfrentar o problema de autoridade, bem como se mostram incapazes

---

[22] ALONSO, Severino, op. cit., p. 248.

de viver em comunidade. Vários/as têm problemas não resolvidos sobre sua orientação sexual. E, finalmente, alguns/as experimentaram algum tipo de abuso sexual no passado, mas nunca resolveram psicologicamente o dano causado nesses casos.[23] Há, apesar da abertura sobre sexo, uma tendência para esconder essas experiências negativas que aconteceram na vida dos candidatos/as, mas que se manifestam mais cedo ou mais tarde, especialmente no contexto da vivência comunitária e apostólica. O desafio é ajudar os candidatos/as a apreciar e integrar o fato que existem coisas difíceis em seu passado, mas que a consagração é um compromisso com uma pessoa, Jesus Cristo, num amor incondicional, expresso numa forma particular, isto é, numa vida celibatária por toda vida. Entender que a castidade é uma doação total de si mesmo, como um dom que forma uma prioridade absoluta na vida da pessoa, é o grande desafio formativo hoje.[24] E esse desafio não está sendo fácil para os formadores/as.

A conclusão é que cada vez mais a formação precisa ser *personalista* e não massista, como se todos/as estivessem no mesmo barco, com as mesmas experiências. Há candidatos/as que vêm de famílias sadias que frequentaram a Igreja desde cedo e deram para seus filhos/as forte testemunho da fé cristã e de uma sexualidade e afetividade sadias. Eles/as cresceram num ambiente cristão e, assim, não precisam de muita orientação nesse campo da sexualidade e afetividade. Eles/as sabem como trabalhar

---

[23] Id. ibid., p. 55.
[24] Id. ibid., p. 80.

com sua afetividade e sexualidade. No outro extremo, há candidatos/as que não tiveram muita educação religiosa e moral em sua família, não praticaram regularmente sua fé, mas ainda sentem uma grande atração para assumir a vida consagrada. Formandos/as chegam fortemente marcados pelas falhas culturais gritantes como individualismo, prioridade de prazer como objetivo da vida, erotismo tido com objetivo único da sexualidade e de famílias muito más estruturadas.[25] Essas pessoas vão precisar muito de mais fundamentação antes, para que possam realmente assumir uma vida consagrada que inclui necessariamente o voto de castidade. As áreas de sexualidade e afetividade precisam ser trabalhadas muito para que essas pessoas possam assumir com convicção o voto de castidade. Seria uma injustiça depender somente da graça de Deus nesses casos. A pessoa precisa mostrar para si mesma que é capaz e quer viver uma vida de doação radical de si mesma para Deus e para o povo de Deus. Tudo isso envolve uma formação especial e personalizada para cada candidato/a. Também, não devemos pular etapas, simplesmente porque o sistema determina assim. *Ninguém deve passar para a próxima etapa de formação a não ser que seja pronto/a para assumir esse passo.* No velho modelo foi natural simplesmente cumprir tempo em uma etapa para poder passar para a outra. Hoje, essa regra não vale mais, especialmente, para os candidatos ao noviciado e juniores/as, preparando-se para os votos perpétuos. Isso deve ser

---

[25] LAPENTA, op. cit. p. 21.

muito frisado, especialmente nas congregações clericais que, às vezes, seguem um ritmo fixo e rígido de formação sem considerar a condição humano-afetiva-sexual do/a candidato/a.[26] Terminou a filosofia e, automaticamente, o candidato passa para o noviciado quando, de fato, a pessoa não esteja pronta para assumir esta etapa, porque não resolveu ainda seus problemas humano-afetivo-sexuais. Como Irmã Schneiders esclarece, o programa de formação precisa fornecer ao candidato/a fontes para que ele/a possa chegar até um autoconhecimento não só de sua vida espiritual, mas também de suas capacidades psicológicas, sociais e morais. Também há necessidade de incluir uma formação sobre o inconsciente da sexualidade que infelizmente ainda está faltando na maioria dos programas de formação inicial.[27] Deve incluir nesse processo de autoconhecimento a possibilidade de acolher e superar certas áreas que podem estar desnorteadas ou em necessidade de cura.[28] Para a maioria dos candidatos/as, o próprio processo de formação em si é suficiente para que o candidato/a possa identificar suas áreas de conflito diante do projeto de consagração; acolher as exigências de uma vida celibatária e buscar meios para superar suas dificuldades. Mas outros vão precisar caminhar um pouco mais e com mais supervisão e direção para poderem superar partes de sua vida que ainda não estão em sintonia com a consagração em geral e a vida celibatária em particular. Aqui é necessário frisar a necessidade de

---

[26] *Compêndio do Vaticano II, Perfectae Caritatis*, op. cit., parágrafo 1252.
[27] LAPENTA, op. cit., p. 22.
[28] SCHNEIDERS, op. cit., 55.

confronto cedo na formação com a orientação sexual dos candidatos/as. Confronto aqui significa a busca da verdade que liberta. Os formadores precisam buscar uma abertura para falar com os candidatos/as sobre sua heterossexualidade e/ou sua homossexualidade, e determinar as possibilidades do candidato a viver essa vida celibatária (ou não) **nos dois casos**. Não devemos mais esconder dos candidatos/as suas possibilidades ou incapacidades de viverem ou não a vida celibatária na alegria juntamente com suas exigências evangélicas. Falaremos mais sobre esse assunto essencial mais tarde no livro.

**3)** Embora pareça que esse assunto não toque no sexo e em nossa sexualidade, um grande problema na formação hoje em dia é o mal de individualismo na vivência comunitária. Individualismo positivamente faz parte de nossa sexualidade. Parte de individualismo é a liberdade de expressar todo o nosso ser sexual que é totalmente único. É o processo de sair de si, para poder doar-se aos outros, que é a descrição de um amor evangélico. Mas o individualismo na pós-modernidade perdeu esse sentido, e passou a significar o direito de respeitar somente meus interesses, sem pensar em querer servir às necessidades dos/as outros/as. Essa postura definitivamente atrapalha uma vivência da castidade no sentido evangélico. Individualismo no sentido negativo sufoca a sexualidade e a condena para ser infértil e infantil. Tudo é virado somente para si mesmo e assim é impossível viver o projeto de sair de si para doar-se aos outros. Parece-me que cada vez que há uma reunião entre formadores/as, o problema de individualismo no sentido negativo está apontado como um dos grandes desafios e desgraças na vivência da vida consagrada e comunitária, piorando cada vez mais. Essa realidade é parte da pós-modernidade, mas deve ser confrontada dentro do contexto do estudo do voto da castidade. Individualismo doentio bem poderia ser um sinal de desequilíbrio sexual no candidato/a ou no coirmão/a e não somente uma manifestação de um problema comunitário.

Uma segunda colocação é que as novas vocações têm mais problemas na área de individualismo do que os/as mais velhos/as. Isso não está limitado à nova geração, mas onde é mais evidente. Os candidatos/as já vêm formados nesse forte individualismo e são vítimas da propaganda constante para vivê-lo como um valor. Cada um cuida de si e pode esquecer os outros é uma boa descrição dessa realidade como um princípio da pós-modernidade. Ao invés de ser "fértil" no processo de sair de si para criar, que faz parte essencial da castidade e da sexualidade, a nova geração é muita voltada para si mesma, vivendo em seu egocentrismo. O princípio predominante não é tanto o que eu posso fazer pelo bem da comunidade e do carisma da congregação, mas o que eles podem me oferecer. Essa atitude não somente afeta a castidade, mas também a pobreza e a obediência religiosa.[29] É claro que nem todos os candidatos/as caíam nesse quadro e, de fato, alguns/as já são exemplares na vivência do espírito da castidade evangélica sem fazer ainda o voto da castidade. No entanto, uma grande maioria já está tingida por esse princípio da sociedade moderna.

---

[29] KEARNS, Lourenço, *Teologia da Obediência Religiosa*, Aparecida, São Paulo: Editora Santuário, 2002, p. 87.

**4)** Um resultado positivo dessa nova realidade foi que fomos forçados a mudar o sistema de formação sobre a castidade. Fomos forçados a fazer isso baseados numa teologia positiva, a redescoberta sobre o voto de castidade e nas ciências humanas, como psicologia, sociologia e antropologia. Mas os próprios candidatos/as nos levaram a positivamente questionar o que estávamos fazendo de errado no contexto comunitário e nos tabus sobre a sexualidade. Eles nos ajudaram a perceber nossas atitudes puritanas em tantos costumes e maneiras de ser e de agir na comunidade e no apostolado. Fomos convidados a endereçar assuntos importantes sobre sexo e sexualidade, a fim de podermos ser profetas e profetisas do amor de Deus no meio deste mundo hedonista. Nossa profecia começou a ser entendida como uma opção de vida livre e alegremente assumida, e que estamos em conflito profético e evangélico com os valores apresentados pela sociedade. Voltamos a ser profetas e profetisas do Reino, tendo coragem de sermos diferentes. Começamos a anunciar e denunciar valores do evangelho numa maneira mais entendida por meio de nossa vida comunitária celibatária e de nossos serviços por meio de nossa missão e do nosso carisma no mundo. Não que não houve profecia antes disso, mas agora a profecia pôde ser entendida melhor pela nova geração da pós-modernidade e pelo mundo no qual a vida religiosa vive e testemunha. Isso, é claro, exigiu muitas mudanças nas estruturas da vida consagrada e da vida comunitária. Novas maneiras de vestir que não esconderam nossa sexualidade; novas maneiras de relacionar-nos com ambos os sexos; nossas maneiras de relacionamentos na própria comunidade religiosa que frisaram agora muito mais amizade e diálogo do que cuidar dos perigos contra a castidade, enfim, mudou muito a maneira que expressamos nossa castidade no apostolado que ficou muito mais humano e afetivo. Poderíamos expressar nossa sexualidade nessas obras, especialmente mostrando muita mais ternura, segundo nossa feminilidade ou masculinidade. Acabou a frieza que cercava a vida religiosa em nossos relacionamentos dentro e fora da comunidade religiosa.

Terminamos este capítulo apontando que várias mudanças, que aconteceram nos últimos quarenta anos, diferenciam em cada congregação. Algumas congregações mudaram rapidamente, mas sem uma devida preparação formativa por meio de um sistema de formação permanente. Essa falta de preparação casou inúmeros desentendimentos e até escândalos dentro e fora da comunidade religiosa. Causou também desistências da vida consagrada por causa de uma má interpretação de liberdade diante do voto e do compromisso com a castidade. Outras congregações simplesmente mudaram a roupa externa, mudando formulários e frases corretas, mas não tiveram a coragem de mudar de verdade *as estruturas* que causaram os problemas do passado. Portanto, os mesmos problemas continuaram a aparecer até hoje nessas congregações. Algumas investiram muito em cursos na formação inicial e permanente para levar seus irmãos/as a entender o porquê das mudanças, dando sentido e realização em sua vida de castidade. Nossos psicólogos, dentro e fora de nossas congregações, ajudaram-nos a encarar e integrar esse dom de nosso sexo e de nossa sexualidade que recebemos de Deus. As congregações, para tanto, cresceram nesse sentido de integrar sua sexualidade e em formar relacionamentos humano-afetivos na comunidade e no apostolado. Cada congregação precisa ter a coragem de endereçar esses assuntos em seus capítulos e planejamentos sobre sua formação inicial e permanente. Precisam investir em formar pessoas sadias e alegres em sua sexualidade e em seu testemunho profético da castidade.

Sinto, também, que, depois de um período de crescimento, após o Concílio Vaticano II nessa área de acolher e integrar nossa sexualidade, houve recentemente um tempo de retrocesso. Certas orientações, dentro e fora da Igreja, e algumas que vêm de certos movimentos na Igreja, voltaram a frisar uma atitude puritana e jansenista sobre sexo e sexualidade. Sexualidade voltou a ser um tabu e, sem dúvida, há uma ênfase exagerada sobre o fato que tudo que toca em sexo ou sexualidade é profundamente pecaminoso e ofensivo a Deus. Essas orientações veem pecado em tudo e, de novo, sexo e sexualidade são assuntos que não devemos tratar, especialmente na formação inicial. Voltamos para uma visão intimista sobre nossa sexualidade, onde todo o perigo contra a castidade está fora da pessoa e vem do "demônio". Há, mais uma vez, certo fechamento sobre esses assuntos na formação e no medo de nos enfrentar com realidades como o homossexualidade e outras escondidas sobre a sexualidade normal e sadia exigida no assumir da castidade religiosa. Há opiniões absolutas e fechadas sobre todos esses assuntos sem uma abertura científica, moral e espiritual. Presumimos demais dos candidatos/as sobre a educação sexual que eles/as receberam e se essa educação realmente fosse evangélica e libertadora. Precisamos com coragem voltar a falar sobre essas questões em nossos secretariados ou equipes de formação inicial e até em nossos capítulos provinciais. Nossos candidatos/as à vida consagrada merecem esse direito e orientação. Nossos formadores e formadoras também merecem esse espaço necessário para tratar desses assuntos numa formação sadia na vida de qualquer candidato/a à vida consagrada.

## 5. Perguntas para ajudar na partilha comunitária

1) Você foi formado/a no voto de castidade antes do Concílio Vaticano? Como foi sua preparação para acolher e viver esse voto na comunidade e no apostolado? A formação fez você mais alegre, ou impediu seu crescimento normal em sua sexualidade? Poderia partilhar com os outros/as?

2) Você foi formado/a no voto de castidade depois do Concílio Vaticano? Como foi sua preparação para acolher e viver esse voto na comunidade e no apostolado? Sentiu-se realizado/a na vivência da castidade? Achou dificuldade de viver o que aprendeu por causa da orientação diferente dos irmãos/as mais idosos? Poderia partilhar com os outros/as?

3) Você sente que muitas orientações importantes sobre a formação na castidade foram escondidas dos

formandos/as? Como você se sentiu nessa situação? Isso o ajudou ou prejudicou?

4) Você entrou na formação como um adolescente? Recebeu dos formadores/as algum tipo de educação sexual? Se não, como você aprendeu sobre sexo? Isso foi positivo ou negativo?

5) Você percebe que a sexualidade é algo mais vasto que simplesmente a questão biológica de reprodução? Você foi formado/a para apreciar sua sexualidade como um dom de Deus ou para desprezar sua sexualidade como algo mal? Qual é sua visão de sexualidade hoje? O que ajudou você a abrir sua visão sobre essa maravilha?

6) Você acha que sua formação foi mais "o que não pode fazer" do que sobre os meios para tornar-se num ser sexuado/a saudável, capaz de amar e ser amado/a? Poderia partilhar como se sentiu com esse tipo de formação de somente proibições?

7) Você acha que toda a orientação sobre sexualidade foi numa linha moral e de pecado muito sério? Como você reagiu diante das manifestações de sexualidade em sua vida? Você se sentiu pecador/a diante das manifestações normais de sua sexualidade? Poderia partilhar seus sentimentos com os outros/as?

8) Você acha que sua Província cresceu numa linha de se confrontar com a questão da sexualidade, ou ela continua sendo uma agenda escondida na formação inicial e permanente? Como podemos e devemos resolver esse problema?

# 2 A TEOLOGIA DO VOTO DE CASTIDADE

## 1. Introdução

Neste capítulo queremos aprofundar a rica teologia sobre esse voto de castidade. Não sei como aconteceu, mas por vários séculos, o voto ficou desencarnado por causa das considerações legais e por uma orientação puritana que simplesmente tirou todo o dinamismo e o espírito fogoso desse valor evangélico. Ficou muito espiritualizado, mas desencarnado de nossa realidade sexual.[30] A prática do voto de castidade tornou-se um dever pesado de leis sobre o que não pode fazer, ao invés de ser um *meio que deve me levar a amar a Deus e ao meu próximo numa forma radical, e como uma fonte para experimentar o amor de Deus em nossas vidas.* Castidade foi não somente amar, mas também ser amado/a por Deus e pelos membros de nossa comunidade religiosa e apostólica. Esquecemos que a castidade, alegremente assumida, foi uma das exigências para seguir Jesus Cristo que primeiro viveu essa castidade em sua consagração ao Pai. O alicerce e o sentido de toda a nossa consagração batismal e religiosa, que é o amor a Deus e ao próximo, foram mais ou menos esquecidos como o centro e a fonte na vivência desse voto. E esse amor necessariamente inclui toda a nossa sexualidade, feminilidade e masculinidade.

---

[30] O'Murchu, op. cit., p. 129.

Seria impossível entender e viver esse voto de castidade se os consagrados/a primeiro não contemplassem a pessoa de Jesus Cristo e sua maneira de viver esse valor evangélico. Cristo, em sua humanidade, foi totalmente uma pessoa sexuada e casta, que nos mostrou o caminho para viver na plenitude e na alegria a consagração de todo o nosso ser sexual a Deus. Infelizmente, em muitos livros espirituais que foram apresentados a nós, ou na formação inicial ou permanente, a pessoa humana de Cristo foi apresentada como um ser *assexuado*, frisando somente seu aspecto divino, ou forçando a imagem de uma pessoa com sexualidade irrealista e angélica. Houve uma reverência exagerada, exigida sobre a presença divina e humana de Cristo no sacrário em nossas capelas, que aumentou mais ainda nossa distância de Cristo humano e sexuado. Essa reverência exagerada impediu toda a possibilidade de aproximar-nos na intimidade com esta pessoa humana e divina (Hb 4,15-16). Cristo parecia uma pessoa muita fria e distante e, certamente, houve nesses livros espirituais um esforço para tirar dele qualquer manifestação de sua sexualidade. Ele foi apresentado como o perfeito casto, mas um homem sem sexualidade, sem tentações, sem desejos, sem as coisas humanas e sexuais que fazem Cristo "gente" e que todo religioso/a quis encontrar e experimentar na humanidade dele. Em poucas palavras, Cristo viveu a castidade, mas uma castidade totalmente desligada da vida. Isso não somente distorceu a pessoa de Cristo, mas o fez tão alheio a nós, que foi difícil entender e seguir esse nosso Mestre. Um Cristo angélico sem sexualidade simplesmente não combinou com nossa realidade como pessoas consagradas e sexuadas, e, assim, alguns/as ficaram desanimados na tentativa de imitar essa pessoa irrealista. Quando novas alas de teologia começaram a frisar a humanidade de Cristo, foi muito difícil para alguns religiosos/as acolher esse Cristo totalmente sexuado, humano e caloroso. De repente, vimos uma pessoa realmente encarnada e que assumiu nosso ser humano cem por cento. Isso incluiu uma sexualidade e suas manifestações que Cristo abertamente demonstrou durante toda a sua vida. Ele expressou claramente nos evangelhos sua sexualidade, predominantemente masculina, mas com traços de feminilidade também. Como todos nós, Cristo teve uma mistura fina de masculinidade e feminilidade em sua sexualidade. E, consciente de sua sexualidade e de seus desejos, ele livremente optou para viver uma vida celibatária a fim de poder amar ao Pai e à humanidade na radicalidade, e para estar disponível a trabalhar em favor do reino. E foi por meio dessa sexualidade que ele mais uma vez nos mostrou o rosto e o coração castos de seu e nosso Pai que nos criou em sua imagem por amor. Foi sendo essa pessoa sexuada que Cristo conquistou a admiração do povo, e conseguiu conquistar os corações dos doze apóstolos que abandonaram tudo para segui-lo na castidade.

A sexualidade de Cristo foi uma sexualidade que realizou sua própria pessoa, e que foi frutuosa gerando vida nos outros. Cristo não foi uma pessoa frustrada em sua vida celibatária. Ele foi, sobretudo, aquele que era capaz de alegremente sair de si mesmo para doar-se aos outros. Seu gesto radical de amor e de doação de si mesmo gerou vida nos outros. Assim, Cristo nos mostrou claramente que sexualidade não é reduzida para somente considerações genitais, mas é algo que envolve toda a nossa personalidade e algo que praticamos em mil maneiras cada dia.[31] Castidade é algo muito mais vasto que toca em tudo que somos e fazemos. É impossível viver um amor radical a Deus e ao próximo sem sexualidade e sem a vivência radical e alegre da castidade. É impossível viver a consagração religiosa sem sexualidade e sem uma opção livre em favor da castidade. E foi a falta dessa visão teológica que desnorteou tantos religiosos/as e formados/as no velho modelo da castidade. Precisou de tempo para acolher um Cristo cem por cento humano e sexuado como os próprios consagrados/as, e, sobretudo, um Cristo com uma sexualidade sadia e frutuosa.

## 2. A teologia do voto de castidade

Iniciamos nossa contemplação desse voto tão belo com uma interpretação teológica dos primeiros três capítulos do livro de Gênesis. Nesses capítulos podemos contemplar o plano original do Pai que foi finalmente cumprido na pessoa humana e sexuada de Jesus Cristo. Toda a história da salvação foi uma história do amor fiel de Deus Pai por meio de seu filho encarnado e em seu Espírito Santo. Foi, então, uma história da castidade trinitária. Onde há amor, há castidade e, sem amor, não há castidade. E onde há castidade e o amor, "Deus está" (1Jo 4,7-21).

---

[31] LAPENTA, op. cit., p. 14.

## a) O plano original do Pai

O Pai criou o homem e a mulher "a sua imagem" e os criou com sexualidade e genitalidade exatamente como homem e mulher e pediu que eles fossem "fecundos" (Gn 1,27).[32] Deus quis fazer o homem e a mulher o centro de toda a sua criação por sua própria vontade. *Ele os criou por amor* mostrando sua castidade nessa criação, porque o amor exigiu que O Pai Criador saísse de si mesmo para doar-se no ato de criar. Deus fez com Adão e Eva uma aliança de amor mútuo. Deus prometeu amar sua criação sem condições e Ele quis ser amado por todos por meio de atos concretos de culto e adoração, que são também sinais de sexualidade que exigiram deles uma doação de si mesmo para amar ao seu Criador. O amor mútuo foi, então, a base dessa primeira aliança entre Deus e sua criação predileta. Foi uma aliança de castidade e de amor.

O Pai quis amar suas criaturas não intelectualmente ou simbolicamente. Ele quis falar com eles "face a face". Isso foi uma maneira bonita do escritor desse livro para descrever teologicamente que Deus quis cultivar intimidade com suas criaturas. E a resposta ao amor de Deus seria, na parte da humanidade, um amor humano que envolveria a sexualidade de suas criaturas. Amor e intimidade necessariamente envolvem a sexualidade dos seres humanos.

---

[32] *Dicionário de Teologia Moral*, cf. Sexualidade, op. cit., p. 1145-1156.

O Pai demonstrou seu amor por meio do ato de doar-se a si mesmo às suas criaturas. Ele criou tudo e entregou tudo a eles. Doou livremente todo o cosmos a eles (Gn 1,29). Ele os colocou no jardim perfeito, onde houve todo o necessário para viver na harmonia e no amor mútuo no casamento (Gn 2,8-25). E eles tiveram sua sexualidade que refletiu o Criador: "estavam nus, porém, não sentiam vergonha" (Gn 2,25). A motivação de Deus, atrás da criação, foi seu amor e sua castidade. Deus é amor. Deus é castidade. Deus é doação de si mesmo. Deus criou por amor o homem e a mulher.

E o homem e a mulher foram feitos na "imagem de Deus". O maior dom que Deus partilhou com suas criaturas foi sua capacidade para amar e procriar. A capacidade para sair de si mesmos para amar não só a Deus, mas também às outras criaturas. Só assim os homens e as mulheres refletiriam seu Criador em sua capacidade para amar. E Deus quis que o homem e a mulher evitassem o perigo do oposto do amor, isto é, um egoísmo e um fechamento em si mesmos optando para não sair de si, para doar-se a Deus ou para servir aos outros. Deus quis que o homem e a mulher fossem uma *continuação profética* do amor do Criador na terra. A profecia da castidade, para tanto, está no dom e no ato de poder amar e doar-se como Deus primeiro fez na criação. E desde o começo, ficou claro que o amor a Deus, na parte de suas criaturas, não podia parar somente na pessoa de Deus. O amor a Deus necessariamente exigiu um amor ao próximo. Isso seria a base da grande aliança do Sinai no Antigo Testamento e da aliança do batismo no Novo

Testamento. Os dois grandes mandamentos são, de fato, um mandamento sobre o amor e é um mandamento para viver a castidade. *"Qual é o primeiro de todos os mandamentos?" E Jesus respondeu: "O primeiro mandamento é este: 'Ouça ó Israel! O Senhor nosso Deus é o único Senhor! E **ame** ao Senhor seu Deus com todo o seu coração, com toda a sua alma, com todo o seu entendimento e com toda a sua força'. O segundo mandamento é este: '**Ame** ao seu próximo como a si mesmo'. Não existe outro mandamento mais importante do que esses dois"* (Mc 12,28-31).

O Pai quis que esse mandamento de amor fosse o alicerce na formação de qualquer comunidade. Uma comunidade de amor formada de fraternidade e de partilha, mas sempre motivada pelo amor. A própria comunidade humana deve então refletir a perfeita comunidade de amor, isto é, a Trindade. Da mesma maneira que o Pai ama o Filho e o Filho em resposta ama o Pai, que é o Espírito Santo, mostra que o Pai quis que suas criaturas profeticamente expressassem essa mesma doação mútua e casta em suas comunidades e em todos os seus relacionamentos humanos. Esse amor no meio da comunidade é castidade.

### b) O pecado entrou no mundo

O homem e a mulher rejeitaram essa aliança de amor entre eles e Deus. Eles rejeitaram o plano de amor e da doação radical do Pai a eles. No fundo, o pecado foi uma desconfiança no amor do Pai Criador. "Como um Deus pode nos amar tanto?" foi a fonte de sua desconfiança.

Mas, mais importante, o homem e a mulher rejeitaram sua missão de profetizar o amor do Pai no mundo e especialmente a exigência para amar ao próximo como a base de qualquer comunidade. Rejeitaram amar e sair de si para servir aos necessitados ao seu redor. Eles simplesmente rejeitaram o desafio de fazer presente e visível o amor Trinitário. Eles, então, optaram para um autoamor sem a necessidade de sair de si mesmos. Eles se fecharam em si mesmos recusando usar sua sexualidade para profetizar o amor de Deus. Eles ficaram aprisionados em seu profundo egoísmo. Segundo a tentação, eles queriam ser iguais a Deus (Gn 3,1-5), mas sem a necessidade de assumir a essência dessa igualdade, isto é, a necessidade de esquecer de si para amar aos/as outros/as. Eles ficaram como se fossem aprisionados num bloco de gelo. O amor dos outros, seja de Deus, seja do próximo, não podia entrar neles por causa do gelo e fechamento, e, pior, o amor deles não podia sair para os outros. *Ficaram numa atitude radical de autoamor a si mesmos.* Eles perderam todos os sinais de sua sexualidade que, basicamente, foi a capacidade de amar e procriar. Para poder produzir frutos, precisaram fazer uma opção de esquecer de si mesmos e ir em direção aos outros em doação livre e alegre. "Se o grão de trigo não cai na terra e não morre, fica sozinho. Mas se morre, produz muito fruto" (Jo 12,24). Eles perderam sua profecia de mostrar o amor do Criador. Deus, então, parou de ser uma fonte de amor em suas vidas. Optaram, portanto, para fazer de si mesmos o único destinatário de sua capacidade para amar. E assim pararam dramaticamente seu poder para produzir e de serem férteis. Sexualmente eles tornaram-se mortos e estéreis, porque faltou o amor.

Outra perda foi a de intimidade com Deus. Sem sexualidade não há intimidade. A pessoa que se fecha em si mesma e recusa buscar a realização nos outros perde sinais de sua sexualidade e sua capacidade para criar. Primeiro, pela desconfiança no amor de Deus, eles acabaram a busca íntima com Deus. Agora, ao invés de falar com Deus "face a face", quando ouviram os passos de Deus, seu amado no jardim, se esconderam (Gn 3,13). Deixou de existir amor e intimidade com Deus e agora houve somente medo de Deus. *E onde há medo não há amor* (1Jo 4,17-19).

O pior resultado do pecado original foi um fechamento radical das criaturas em si mesmas. Um fechamento que impediu a capacidade de reconhecer o amor de Deus em suas vidas, que foi dom, graça. Deus amou de graça e sem condições, bem como sem exigir uma resposta de suas criaturas. Deus deixou suas criaturas com a liberdade de opção para amar ou não amar. Mas quando o homem e a mulher se fecharam em seu próprio amor, não podiam mais acreditar no amor gratuito de Deus e de seu próximo. Fecharam seu coração, que é o símbolo de sua capacidade para amar e ser amado. Mudaram seu coração de "carne" para um coração de "pedra" (Ez 3,7; 36,26-31). Fechamento é uma atitude de autossuficiência que mata todo o dinamismo sexual para ir à direção do outro. Torna a pessoa cega aos sinais normais de afetividade que o cercam constantemente e, por isso, busca algum substituto, especialmente na forma de prazer em qualquer maneira. Destronaram seu "único Absoluto", Deus, e colocaram em seu lugar o novo "deus de prazer". É no fundo um ato de idolatria; é a adoração de um deus falso. De repente, qualquer prazer tornou-se um absoluto na vida deles, porque precisavam se convencer que alguém ou alguma coisa estão os amando. E mais ainda, o prazer, e não Deus, ficou no centro da vida deles, tornando-se a motivação-chave de tudo que pensam, fazem e querem. O prazer foi o novo deus que prometeu a realização total em suas vidas e em sua sexualidade. E assim, sexualmente, Adão e Eva começaram a morrer e ficar estéreis. Nessa situação, a pessoa está condenada à frustração sexual sem ser amada e sem ser obrigada a amar as outras pessoas. Só existe um autoamor fechado, que condena a pessoa para uma frustração total em sua sexualidade. Nunca será realizada. Nunca produzirá frutos. Está morta e estéril.

O resultado concreto dessa opção em favor do prazer, e não do amor aos outros, foi a incapacidade para formar uma comunidade em imitação da Trindade. *Sem amor não há comunidade.* Sem o desejo de sair de si para amar e servir aos outros, mas ser servido pelos outros, não há comunidade. Sem colocar Deus e o próximo no centro de nossas vidas não há a possibilidade de formar uma comunidade cristã, que se baseia no amor trinitário. Uma comunidade, baseada no autoamor e na busca de autoprazer, está condenada à morte e à infertilidade. Não pode produzir vida, mas somente a triste condição de fechamento em seu próprio egoísmo e autoamor. Fica, de novo, dentro do bloco de gelo onde o amor não entra nem sai. Quando as criaturas esquecem de seu Criador e sua profecia casta de amor, elas são condenadas à tristeza e a não autorrealização, porque perderam vista do Criador e do fato que elas foram feitas na imagem daquele que saiu de si para doar-se, criar e amar.

### c) O acontecimento do Verbo Encarnado

A castidade do Verbo Encarnado começou até antes da criação: "O Pai de nosso Senhor Jesus Cristo... nos escolheu em Cristo *antes de criar o mundo*" (Ef 1,4-5). Antes que Deus criou o homem e a mulher, o Pai já sabia que eles iam rejeitar seu plano original e quebrar sua aliança de amor. E, mesmo assim, Deus, por amor e castidade, os criou homem e mulher em sua imagem. E o Verbo em sua divindade, e antes da criação, já se ofereceu ao Pai para ser nosso Salvador por meio de um gesto profundo de castidade. Ele prometeu encarnar-se, aniquilar-se, esvaziar-se para cumprir, por amor, a vontade do Pai (Fl 2,6-11*). "Porque Deus, a Plenitude total, quis nele habitar para, por meio dele, reconciliar consigo todas as coisas pelo seu sangue derramado na cruz"* (Cl 1,19-20). Todos esses gestos são sinais de uma profunda castidade nas quais o Verbo teve de sair de si e doar-se para ser nosso Salvador. Em outras palavras, a castidade de Cristo, seu amor radical ao Pai e à humanidade, começou antes da criação do mundo e de sua encarnação quando ainda era o Verbo de Deus. Mas essa castidade divina se encarnou quando *"o Verbo se fez carne e habitou entre nós... cheio de amor e de fidelidade"*

(Jo 1,14). Cristo ficou totalmente humano com uma sexualidade como a nossa. O amor divino ficou visível em uma forma humana e sexuada. *"De fato, não temos um sumo sacerdote incapaz de se compadecer de nossas fraquezas, pois ele mesmo foi provado como nós em todas as coisas..."* (Hb 4,15).

Jesus veio para restabelecer o plano original do Pai e assim ficou como o grande profeta da castidade. Veio para nos mostrar concretamente como seu Pai amou e continuou amando ao seu povo, e como o Pai sempre foi fiel às suas alianças de amor. Mas, agora, Cristo mostrou tudo isso numa forma humana e sexuada. Quem vê Cristo humano e amoroso, está vendo uma imagem exata e concreta de seu Pai Divino (Jo 14,8-11). Cristo veio para renovar o plano original do Pai, onde suas criaturas prediletas poderiam ganhar de volta sua aliança de amor e sua dignidade original. Sendo feitos à "imagem do Pai", os seres humanos mais uma vez seriam capazes de amar, serem amados e férteis. Cristo veio para quebrar aquele bloco de gelo que cercou a humanidade em seu profundo egoísmo e autoamor. A humanidade de Cristo revelou proficamente a pessoa de seu Pai Criador, por meio de sua capacidade para amar e ser amado e, especialmente, no sinal extremo de doação total de sua vida na cruz.

Cristo primeiramente nos ensinou, de novo, como devemos amar ao nosso Pai Criador. Em sua humanidade totalmente assumida, teve de tomar as mesmas atitudes que nós precisamos tomar na fé para chegar até uma intimidade com seu Pai. O amor de Cristo ao seu Pai teve de ser efetivo e afetivo, realizado por meio de atos concretos de amor. Cristo reservou cada dia um tempo para estar sozinho com o Pai em profunda oração e intimidade. Cada dia, especialmente na noite, ele "foi à montanha" para estar na presença amorosa do Pai (Mt 14,23; Mc 6,46; Lc 6,12; 9,28). E para responder a esse amor de seu Pai a ele, amou seu Pai de todo o seu coração (Mt 14,23; 21,13; 26,36; Mc 1,35; 6,46; Lc 6,12; 9,28). Esse amor foi um amor humano, sexuado, e cheio de ternura até o ponto de chamar Deus não de "Senhor", mas de "Pai", e, da mesma forma, ensinou a outros a rezar assim (Mt 6, 9; 7,11; 11,27; Mc 14,36; Jo 14,10-11). Cristo deixou que Deus fosse um Pai para com ele, acolhendo o amor incrível e incondicional do Criador às suas criaturas. Precisou experimentar esse amor radical do Pai exatamente como nós por meio de sua fé humana e espiritual. "Ninguém jamais viu a Deus; quem nos revelou Deus foi o Filho único, que está junto ao Pai" (Jo 1,18). A oração não foi para Cristo um monólogo onde somente ele falou a Deus, mas foi um diálogo de intimidade, onde ele deixou que o Pai também o amasse em atos concretos. Todo o diálogo na oração de Cristo foi uma expressão de seu amor humano e sexuado. Oração é amor mútuo e um jogo entre o amar e o ser amado. Oração é um ato de castidade em ação.

Cristo também fez um esforço todo especial para ir às sinagogas, cada sábado, para poder ouvir seu Pai, conhecer sua vontade e sua missão por meio das leituras da Palavra (Mt 9,35; Mc 1,21; Lc 4,16; Jo 6,59). A obediência para Cristo também foi um sinal de sua castidade, no sentido que ele buscava amar o Pai, por meio do cumprimento de sua vontade. Obedecer ao Pai, para Cristo, foi sinônimo de amar o Pai (Jo 4,34; 5,30; 6,38). Ele sempre fez desses encontros de amor, com a Palavra, uma *lectio divina* que o levou à contemplação do amor do Pai e, diante disso, quis responder concretamente para esse amor. E, reconhecendo cada vez mais o amor radical do Pai a ele, fez de sua vida uma resposta casta e livre para amar o Pai radicalmente, porque o Pai o amou primeiro. Cristo expressou, desse modo, seu amor profeticamente *assumindo numa vida celibatária*. Ofereceu ao seu Pai um coração indiviso totalmente "virado ao Pai" (Jo 1,1-2).

Cada ano, Cristo fez questão de ir para visitar ao seu Pai no templo, em Jerusalém. Desde cedo, em sua juventude, percebeu o amor extraordinário de seu Pai a ele e quis responder para esse amor ficando sempre no templo. "Por que me procuravam? Não sabiam que eu devo estar na casa do meu Pai?" (Lc 2,41-52). Estar no templo para Cristo foi sinônimo como o estar na presença amorosa de seu Pai. Por isso Cristo expulsou do templo os vendedores que violaram esse lugar santo de oração e de encontro com seu Pai (Mt 21,12). Fazer da casa do Pai um lugar de comércio foi uma violação contra o amor ao seu Pai.

Mas, sobretudo, Cristo procurava dirigir esse coração indiviso totalmente ao Pai. Ele foi "voltado ao Pai" (Jo 1,2). Todo o seu amor e toda a sua sexualidade foram dirigidos ao Pai em gestos concretos de amor e de castidade. Sua vida casta e sua opção livre e profética para não se casar foi um grande sinal profético de seu amor radical e preferencial ao seu Pai. Todo o seu coração, a sua capacidade fértil e sexuada, para amar e ser amado foram alegremente dirigidos à pessoa de seu Pai e em favor dos membros do reino do Pai (Mt 19,12). Ficou evidente que sua opção de não casar foi uma opção concreta de amor ao seu Pai. E pelos séculos ele vai convidar outros/as a fazer a mesma opção de amor ao Pai e à humanidade por meio de seu voto de castidade.

Mas o amor e a castidade de Cristo foram dirigidos profeticamente também à humanidade, em necessidade de reconciliação, de salvação e de uma refundação da aliança original de amor entre o Pai e sua criação (Gn 1; 2; Cl 1,15-20). Todos os mistérios de Cristo foram, no fundo, mistérios de castidade e de amor. A Encarnação, a Eucaristia, a Paixão e a Ressurreição foram mistérios onde Cristo encarnado teve de sair de si para doar-se numa forma radical, a fim de salvar a humanidade, porque isso foi a vontade louca de seu Pai. Todo o mistério pascal foi um mistério do amor radical e da castidade de Cristo nos mostrando "na carne" o amor salvífico da Trindade.

### d) A Encarnação

O Filho, diante da rejeição da aliança de amor de Adão e Eva, se ofereceu ao Pai para ser nosso redentor. Como é tão fácil dizer essas palavras sem entendermos a profundidade da doação e da castidade que tal oferta exigiu de Cristo. O Verbo se fez carne. O filho de Deus se fez um de nós. O Criador desceu, humilhou-se e tornou--se uma criatura por opção livre. Tudo isso foi um ato incrível de amor e de castidade. Foi um ato incomparável de doação de si mesmo em favor da humanidade. Santo

Afonso em sua novena de Natal, depois de tentar contemplar esse ato incrível de doação na parte de Cristo, explodiu com uma expressão que eu acho ser um resumo perfeito dessa castidade divina e humana de Cristo: "Ó Deus enlouquecido pelo amor à humanidade!" Enlouquecido pelo amor foi uma maneira poética, mas realista para descrever esse ato singular de castidade. Nesse ato, como diria São Paulo, Cristo literalmente "esvaziou-se" ou "aniquilou-se" para nos salvar. Mas o que falta, às vezes, para aprofundar em nossa contemplação, é a motivação básica desse gesto de deixar escondida sua divindade e ser um de nós em nossa totalidade. Foi e continua sendo somente *o amor e a castidade*. Ele se fez carne e habitou entre nós porque amou o Pai radicalmente e quis agradar o Pai fazendo sua vontade. Amou toda a humanidade e quis com uma paixão reconciliar toda a humanidade com seu Pai criador, restaurando-a de novo para um estado de graça, de comunhão e de intimidade entre o Criador e suas criaturas preferidas (Rm 5,6-11). Somente o amor poderia explicar esse gesto de doação radical em favor do outro. Somente o amor poderia explicar sua castidade. Também, sinto que não aprofundamos o grau de doação de Cristo. Ele assumiu toda a nossa humanidade, com todas as nossas limitações. Optou por ser pobre. Experimentou as tentações no deserto. Experimentou-as mais de uma vez: desânimos e aparente fracasso diante de sua missão. Sentiu sensações fortes em sua sexualidade como a angústia, a tristeza, a dor, a decepção, a traição, a incompreensão, a paixão e, sobretudo, a morte. E sempre precisamos perguntar-nos, em nossa contemplação desse mistério da encarnação, "por que Cristo fez tudo isso por nós?" E a resposta sempre volta para a mesma tecla. Porque Cristo está apaixonado por toda a humanidade e quer salvar a todos e colocar todos nos braços perdoantes de seu e nosso Pai. Em sua castidade, ele radicalmente saiu de si mesmo para doar-se ao Pai e à humanidade. Somente entendendo isso seremos capazes de seguir Jesus na doação total de nosso ser sexuado com suas manifestações para continuarmos salvando a humanidade por meio de nossa consagração e do voto de castidade. Seguir Jesus nesse gesto de encarnação exige uma opção para a castidade.

### e) A Eucaristia

Todo o mistério da Eucaristia é um mistério da castidade e do amor radical de Jesus à sua Igreja que somos nós. São João captou o centro desse mistério de amor iniciando a passagem sobre a última ceia dizendo: "Ele, que tinha amado os seus que estavam no mundo, amou-os até o fim" (Jo 13,1). Os capítulos de João sobre a última ceia revelam toda a sexualidade humana de Jesus. Esses capítulos mostram sinais de muito carinho, preocupação e intercessão em favor dos membros de sua comunidade íntima e apostólica. Expressões de amor e de castidade são múltiplas nessas passagens. O mestre "colocou água na bacia e começou a lavar os pés dos discípulos" (Jo 13,5). Nenhum mestre faria esse ato serviçal e escravo aos seus discípulos. Seria um escândalo. Mas Jesus desceu como um escravo de seus irmãos e fez esse gesto em sua castidade. "E quando eu for e lhes tiver preparado um lugar, voltarei e levarei vocês comigo para que onde eu estiver, estejam vocês também" (Jo 14,3). Isso foi uma expressão de intimidade e um desejo forte de estar na presença de seus amados. "Eu sou a verdadeira videira, e o meu Pai é o agricultor; eu sou a videira, e vocês são os ramos" (Jo 15,1-6). Uma maneira bonita para expressar a profunda intimidade sexuada entre Cristo e seus discípulos. Cristo se oferece para ser a fonte de vida em nós, os ramos. "Assim como o Pai me amou, eu também amei vocês: permanecem no meu amor" (Jo 15,9). Aqui Cristo declara a radicalidade de seu amor comparando seu amor a eles com o amor que seu Pai demonstra a ele. "Se alguém me ama, guarda a minha palavra, e meu Pai o amará. Eu e meu Pai viremos a faremos nele nossa morada" (Jo 14,23). Não pode ter uma expressão mais cheia de amor e de sexualidade como essa. O desejo de união íntima e sexuada sai de cada expressão nesse discurso da última ceia.

Todas essas expressões da sexualidade de Jesus foram a introdução para o grande mistério da Eucaristia, que claramente é um mistério de amor. O mistério do amor humano e divino de Cristo desemboca na doação radical de todo o seu ser aos seus discípulos na instituição da eucaristia. *Na eucaristia, a doação de Cristo é radical. Sua castidade é radical.* As palavras da instituição da Eucaristia recordam-nos as palavras litúrgicas de um holocausto "Isto é meu corpo que *é dado* por vocês; meu sangue que *é derramado* por vocês" (Lc 22,19-20). Essas palavras, "dado" e "derramado", são as palavras litúrgicas de um holocausto que é a oferta mais radical do Antigo Testamento no sentido que, depois do sacrifício, nada sobrou (Lv 4,1-21). Foi um sacrifício completo. Cristo é o novo holocausto, onde livremente doa para nós na Eucaristia tudo possível: sua humanidade e sua divindade como dons em sacrifício completo ou holocausto. É o ato de doação radical de tudo que ele é e tem. Cristo não podia doar mais do que isso. Já se fez carne e habitou entre nós na Encarnação, mas na Eucaristia se tornou nossa comida e nossa bebida. *"Eu sou o pão vivo que desceu do céu. Quem come deste pão viverá para sempre. E o pão que eu vou dar é a minha própria carne, para que o mundo tenha a vida"* (Jo 6,51). E mais: *"Quem come a minha carne e bebe o meu sangue tem a vida eterna, e eu o ressuscitarei no último dia. Porque a minha carne é verdadeira comida e o meu sangue é verdadeira bebida"* (Jo 6,54-55). Mais uma vez, não pode haver expressões de sexualidade e de castidade mais claras que essas. Cristo se oferece livremente como dom, como alimento, como vida, como a fonte de nossa ressurreição. É doação radical de si para com seus discípulos. E desde o começo de sua vida pública declarou que ninguém tira sua vida: ele dá sua vida como opção radical de sua castidade para que os outros tenham a vida nele (Jo 3,16; 6,40; 15,13). Eis a chave para entender a castidade de Cristo e da castidade religiosa: que *outros* tenham a vida. O foco central e a motivação fundamental em Cristo são o amor à pessoa do Pai e o amor à humanidade e não o amor a si mesmo. *"O Pai me ama, porque eu dou a minha vida... ninguém tira minha vida: eu a dou livremente"* (Jo 10,14-17). Isso é uma declaração tão clara de amor e de uma sexualidade realizada e vivida na plenitude. Doar sua vida para alguém é a maior expressão humana de castidade.

## f) A Paixão

A paixão certamente foi o sinal mais radical de doação de si mesmo que Cristo podia ter nos oferecido. Foi o ato supremo de sua castidade e a realidade bruta do significado da Eucaristia. *"O filho do homem não veio para ser servido. Ele veio para servir, e para dar a sua vida como resgate em favor de muitos"* (Mt 20,28; Mc 10,45). A Encarnação e a Eucaristia foram profecias desse gesto supremo do amor que Cristo futuramente realizou na paixão. Aqui Cristo assumiu os quatro cânticos do Servo de Javé e livremente tomou sobre si nossos pecados, tornando-se o novo holocausto do Novo Testamento para ser nosso redentor (Is 53,1-12). Somos salvos pelas chagas do cordeiro imolado que são sinais de um ato radical da castidade e do amor na parte de Cristo humano e divino.

São Paulo ficou apaixonado por Cristo, contemplando esse gesto casto em sua paixão, morte e ressurreição. Ele foi "conquistado por Cristo" (Fl 3,12). Esse tema do amor de Cristo e o fato que ele entregou livremente sua vida para nos salvar correm em todos os escritos de São Paulo. Mas o que é central também é que a motivação humana e divina de Cristo sempre foi o amor, a doação de si, a entrega, a aniquilação, a salvação de toda a humanidade e o cumprimento em obediência da vontade de seu Pai. Em outras palavras, a paixão na cruz foi um ato extremo da castidade na parte de Cristo. Podemos ver esta teologia resumida nestas frases de São Paulo:

"*E a esperança não engana, pois o amor de Deus foi derramado em nossos corações pelo Espírito Santo que nos foi dado. De fato quando ainda éramos fracos, Cristo, no momento oportuno, morreu pelos ímpios. Dificilmente se encontra alguém disposto a morrer em favor de um justo; talvez haja alguém que tenha coragem de morrer por um homem de bem. Mas Deus demonstrou seu amor quando ainda éramos pecadores*" (Rm 5,5-8).

"*Por meio do sangue de Cristo é que fomos libertos e nele nossas faltas foram perdoadas conforme a riqueza da sua graça*" (Ef 1,7).

Em resumo, todo o mistério de Cristo é um mistério de amor e da castidade. Começou já quando o Filho de Deus era o Verbo e sua profecia de amor foi continuada em sua humanidade e por meio de sua sexualidade humana. E continuará por toda a eternidade como o filho à direta do Pai que intercede por nós em sua castidade. Podemos resumir, então, que somos salvos graças à doação radical de Cristo em sua castidade por meio desses mistérios pascais.

## 3. As quatro razões teológicas sobre castidade

Desde o começo da vida religiosa no século quatro, a castidade foi presumida como uma parte essencial na vida dos que queriam seguir e amar a Cristo numa forma radical.[33] Seja entre os anacoretas (eremitas), ou entre os cenobitas (vida em comunidade), a castidade foi uma forma profética e necessária para mostrar uma vida totalmente dedicada a Deus.[34]

E, pelos séculos, os escritores espirituais sobre a vida consagrada deixaram-nos uma rica teologia sobre o sentido teológico da castidade. Nesse momento gostaríamos de apresentar ao menos quatro dessas razões teológicas que descrevem as motivações desse voto e da aliança de amor com Deus e com sua Igreja. As quatro razões são interrelacionadas e não podemos inteiramente entender esse voto sendo motivados somente por uma dessas razões. Precisamos contemplar as quatro razões paralelamente para apreciar esse voto e vivê-lo na alegria.

### Primeira razão: "Um coração indiviso"

"A castidade 'por causa do reino dos céus' (Mt 19,12), que os religiosos professam, há de ser apreciada como insigne dom da graça. Pois libera de modo singular o coração do homem (cf. 1Cor 7,32-35), para inflamar-se mais na caridade de Deus e dos homens todos."[35]

A imagem do coração é uma imagem universal de amor que descreve a capacidade de uma pessoa sexuada

---

[33] SCHNEIDERS, Sandra, IHM., *New Wine Skins*, Paulist Press, Mahwah, New Jersey, 1986, p. 116.

[34] LACARRIÈRE, Jacques, *Padres do Deserto — Homens Embriagados de Deus*, São Paulo, Edições Loyola, 1996. Esse autor mostra não só a proposta da castidade dos Padres do deserto, mas também a ascese radical que acompanhou a vivência desse compromisso para mantê-la.

[35] *Compêndio do Vaticano II*, op. cit., *Perfectae Caritatis*, parág. 1250.

para amar e ser amada. Essa imagem também é bíblica porque a imagem do coração descreve ambos o amor de Deus ao seu povo e também a resposta de amor ou de infidelidade do povo diante desse amor de Deus. "Amarás o Senhor teu Deus *de todo o seu coração*" (Dt 6,4-11). "Darei para vocês um *coração novo*... tirarei de vocês *o coração de pedra*, e lhes darei *um coração de carne*" (Ez 36,25-29). "Jerusalém, lave a maldade do *seu coração* para que possa ser salva" (Jr 4,14).

Essa razão teológica está na linha de amor como o cumprimento radical das promessas do Batismo. É viver o Primado do Absoluto no sentido que todo nosso coração (nosso ser sexuado) está primeiramente e livremente dirigido a Deus, por meio da consagração religiosa. Esse amor radical dirigido a Deus exige, então, uma renúncia livre e alegre de qualquer outro amor predominante que poderia dividir o coração e fazê-lo "diviso". Por isso, essa razão fala de um amor radical e uma motivação radical onde toda a nossa capacidade para amar, mais cedo ou mais tarde, precisa ter como seu objetivo e destinatário *somente a pessoa de Deus*. Todo o meu amor, para tanto, o dou livremente a Deus pelo voto de castidade. Eu vivo, por meio de toda a minha sexualidade, um ato contínuo de culto e adoração à pessoa de Deus. O voto de castidade, portanto, fala de *um amor exclusivo* à pessoa de Deus. Eu, pelo voto de castidade, pertenço a Deus radicalmente e vivo por opção livre um amor a Deus "com todo o meu coração". Eu vivo em e por Deus. Tudo que sou, faço e penso deve estar dirigido a Deus num ato consciente de amor a Deus.

É uma expressão clara de culto e adoração através do dom livre a Deus de nossa sexualidade.

Essa razão teológica, como fala o Concílio Vaticano II em *Perfectae Caritatis,* descreve todo um processo longo no qual o religioso/a inflama seu coração no amor humano e sexuado diretamente a Deus (oração, contemplação e liturgia) ou a Deus por meio das pessoas que amo e sirvo na vida diária e apostólica.[36] O que é importante nesse processo é a necessidade de fazer cada vez mais consciente nossa motivação primária: *amar a Deus de todo o nosso coração.* O cerne de toda castidade está na vivência dessa motivação radical de amor a Deus. *"Amarás o Senhor teu Deus de todo o seu coração."*

Essa razão fala de todo o processo humano e sexuado de chegarmos até uma profunda intimidade com Deus e de ficarmos apaixonados por Ele. Isso exige, então, atos concretos, visíveis e assumidos para podermos chegar até essa intimidade que é o desejo e plano de Deus para todos seus consagrados/as, seja pelo batismo ou pela consagração religiosa. Exigem, então, renúncias claras e livres para evitar a possibilidade de perdermos visão desse amor exclusivo a Deus.[37] Exige que o religioso/a procure momentos honestos para estar sozinho/a com Deus na contemplação e num diálogo amoroso. É um processo duplo de amar a Deus e ser profundamente amado por Ele. É descobrir que Deus nos amou primeiro e, em resposta, queremos dirigir todo o nosso coração a

---

[36] Id. ibid., parág. 1250.
[37] Id. ibid., parág. 1251.

Ele sem qualquer divisão. Por isso, é impossível viver a castidade sem diariamente examinar a condição de nosso coração para ver quem é o foco central e destinatário primário de nosso amor. Isso envolve necessariamente uma vida inteira de *conversão,* para purificar nossas motivações básicas. É todo o processo de tirar de nosso coração pessoas e coisas que poderiam destronar Deus do primeiro lugar em nossas vidas. É evitar e renunciar a possibilidade de "idolatria" onde trocamos nosso verdadeiro Deus por nossos "ídolos". Quando isso acontece, criamos um coração diviso ou um de "pedra". Somente a conversão pode restabelecer nosso amor radical a Deus com "um coração indiviso". Isso não significa que não preciso viver o segundo grande mandamento do Novo Testamento: *"e ame seu próximo como você ama a si mesmo".* Mas a razão, atrás de nosso amor radical ao nosso próximo, continua sendo nosso amor radical primeiro a Deus. *Pelo voto da castidade eu amo ao meu próximo porque primeiro amo a Deus e não vice-versa.* Eu vejo e amo a Deus através do próximo, porque pelo voto da castidade posso enxergar o rosto de Deus na pessoa de nosso próximo. "E assim, a intimidade com Deus e a solidariedade com todas as pessoas são dois aspectos inseparáveis do mesmo viver no momento presente."[38]

Seguindo esse modelo, podemos viver a virtude da castidade o dia inteiro. Se qualquer coisa que eu faço seja motivada pelo amor a Deus, então, estou pratican-

---

[38] NOUWEN, Henri J. M., *Mosaicos do Presente — Vida no Espírito*, São Paulo, Paulinas, 1995. p. 17.

do a castidade porque é um ato de minha sexualidade orientada ao amor a Deus. Até nas coisas tão simples de cada dia, posso praticar a castidade motivando tudo que sou e faço ao amor a Deus.

Em suma, o celibato consagrado é o voto que cria uma busca constante de colocar Deus no centro de toda a minha capacidade de amar que, automaticamente, coloca todos os meus outros compromissos de amor na vida como sendo secundários. O voto cria uma integração com toda a nossa capacidade sexual a amar e dá um profundo sentido para a pessoa consagrada. É um meio de ter uma experiência profunda de Deus que tem por sua finalidade uma união amorosa de duas pessoas ou de "dois corações" fascinados um com o outro/a. E esse amor mútuo é a razão que deve motivar o consagrado/a a sair de si para servir aos outros em seus apostolados e carismas. Viver assim numa atitude constante de doação de si mesmo somente pode ser um dom que recebemos de Deus. Castidade não é um dom do homem e da mulher a Deus, ou "um simples ato de virtude da religião, senão um dom gratuito de Deus ao homem".[39] E para poder viver um coração indiviso na constância, são necessários uma vida intensa de oração, ascese e compromisso.[40] Assim a castidade é abraçar um valor que transcende, mas nunca nega, nossa faculdade genital e procriativa para poder experimentar um intercâmbio humano, divino e sexuado entre dois apaixonados/as.

---

[39] Alonso, Severino, op. cit., p. 245.
[40] Schneiders, op. cit., p. 132.

## Segunda razão: A razão mística

"Em primeiro lugar, o Cântico dos Cânticos, trata-se de um livro sapiencial que aborda a mais profunda, universal e significativa experiência humana: o amor... Podemos dizer que o Cântico celebra inseparavelmente o amor humano e divino... o Cântico é o que descreve — o amor humano;... (o Cântico) pode e precisa ser lido como parábola incomparável que revela a paixão e a ternura de Deus pela humanidade."[41]

Desde o começo da vida consagrada, os escritores espirituais apresentaram essa razão mística para descrever a realidade que Deus quer entrar numa intimidade extraordinária com seus e suas consagradas pelo voto de castidade. Deus não quer um relacionamento qualquer ou superficial com seus consagrados/as. Deus quer um relacionamento de amor profundo, amando e sendo amado por seus consagrados/as. "Eu amei você com amor eterno; por isso, conservei o meu amor por você" (Jr 31,3). A falta de cultivar esse amor mútuo talvez seja umas das fontes principais para toda a crise recentemente na vida religiosa. Esquecemos desse apelo de Deus para cultivar mutuamente essa profunda amizade e amor entre Ele e nós. Sem isso, os consagrados/as começam a secar e morrer.[42]

---

[41] *Bíblia Sagrada, Edição Pastoral*, São Paulo, Paulus, 1990, p. 870. Esse texto está na introdução para o Cântico dos Cânticos.
[42] Rossetti, op. cit., p. 2.

Para descrever esse apelo para conseguir intimidade com Deus, os escritores espirituais aproveitaram do grande símbolo bíblico do profeta Oseias. Ele, por sua vez, comparou o amor de Deus como um casamento com seu povo escolhido e amado. Santos Benetti descreve a imagem do amor sexual entre casais, em Oseias, assim: "Todo o vocabulário sexual e, portanto, toda a realidade sexual é posta nestes textos como a realidade humana tão positiva e sublime que nos aproxima da compreensão do incompreensível: o amor infinito de Deus".[43] Deus amante e esposo se aproxima de sua esposa, Israel, e fala em termos sexuais de amor:

*"Agora sou eu que vou seduzi-la, vou levá-la ao deserto e conquistar seu coração... Eu me casarei com você para sempre na justiça e no direito, no amor e na ternura. Eu me casarei com você na fidelidade e você conhecerá Javé"* (Os 2,16-22).

Não poderia existir uma declaração de amor mais radical de Deus para seu povo, que, em resposta a essa declaração de amor, abandonou o verdadeiro Deus e, em "prostituição", seguiu e amou outros amantes (Jr 3,1; Os 2,1-15; Jr 5,7; Ez 16,15). Os profetas consideraram a idolatria, ou a adoração dos deuses falsos e estrangeiros, o pior pecado possível para a "esposa de Deus", Israel. Igualaram esse pecado de idolatria a um ato de prostituição contra seu esposo Javé. Segundo Oseias, Deus renovou a aliança de amor com seu povo infiel numa maneira espantosa. Deus recolheu de novo a mulher infiel (Israel) e, num gesto

---

[43] BENETTI, Santos. *Sexualidade e Erotismo na Bíblia*, São Paulo, Paulinas, 1994, p. 212.

incrível de castidade, acolheu e perdoou a pecadora. *"Javé me disse: 'Vá de novo e ame uma mulher que ama outro homem e que é adúltera, da mesma forma como Javé ama os filhos de Israel apesar de irem atrás de outros deuses"* (Os 3,1-5). Javé fez uma nova aliança de amor exatamente com a adúltera, Israel. E a maneira como Deus demonstrou seu amor extremo foi por meio da aliança de um novo casamento com essa mesma adúltera (Os 2,16-22).

No Novo Testamento esta imagem foi também assumida por João e Paulo que descreveram o amor de Cristo para com sua Igreja como um casamento de amor. Cristo foi o esposo e a Igreja foi sua esposa unidos por um casamento místico (Ef 5,25-33; Ap 21,1-7).

Quando os padres do deserto quiseram descrever o tipo de relacionamento que Deus desejou cultivar com seus consagrados/as, eles também aproveitaram da mesma imagem bíblica do casamento místico de Deus com seu povo ou com sua Igreja. Deus quer entrar num relacionamento místico de amor com seu consagrado/a. *Portanto, Deus, por amor, se casa misticamente com seus consagrados/as.* Foi por causa desse simbolismo que a candidata à profissão religiosa antigamente se vestiu de noiva para simbolizar esse casamento místico com Cristo e com sua Igreja. O religioso/a livremente assume um apelo de Cristo para participar em seu reino numa maneira que exclui todo outro tipo de compromisso primário de amor em sua vida. É um casamento místico com Cristo livremente assumido.[44] É um amor exclusivo e pleno direcionado somente a Cristo seu esposo.

---

[44] SCHNEIDERS, op. cit., p. 141-144. Irmã Sandra descreve essa razão como o "motivo unitativo" da castidade.

A razão mística fala de um simbolismo de casamento. A finalidade do simbolismo não é tanto o casamento, mas sim, *o tipo de relacionamento que deve existir entre os casais*. A razão mística do voto de castidade descreve um convite para intimidade profunda com uma pessoa. E essa pessoa para o religioso/a é exclusivamente a pessoa de Deus. Deus está e sempre deve estar no centro do coração do consagrado/a, e ele/a promete amar a Deus *de todo o seu coração*. É mais uma vez a imagem ou uma explicação mais dramática da razão de um "coração indiviso". E mais uma vez, o simbolismo fala de um amor mútuo e exclusivo, onde não somente o religioso/a promete um amor radical a Cristo, mas, no dia da profissão, Cristo, também, *se obriga a amar seu consagrado/a numa forma radical*. Como um marido promete um amor incondicional à sua esposa, e ela ao marido, assim acontece entre Deus e seu consagrado/a no ato da profissão religiosa. Foi assim que os padres do deserto entenderam esse tipo de relacionamento que Deus quis cultivar com seus e suas consagradas. A razão mística fala de um amor profundo, mútuo e exclusivo.

Incluído nesse simbolismo de casamento é a livre troca de personalidades entre os amados/as. Pouco a pouco, por causa da intimidade entre Cristo e sua esposa/o consagrada/o, há uma troca de personalidades. Cristo partilha conosco sua maneira de pensar, de agir e de querer, sua missão e seu destino salvador. Partilha conosco sua humanidade e sua divindade. E, no processo, o amado/a começa a viver esses mesmos sentimentos de Cristo (Fl 2,5). A pessoa consagrada começa a "configurar-se", ou "se vestir" de Cristo. "Não sou eu que vivo, mas é Cristo que vive em mim" (Gl 2, 20; 3,27; Ef 4,24; Cl 3,14).

É claro que esse tipo de intimidade não pode acontecer sem uma vida diária de estar na presença do amado em contemplação. Mais uma vez, o apelo para que os consagrados/as voltem para uma vida contemplativa na vida ativa é bem claro. "Escutar a voz do amor exige que dirijamos as nossas mentes e os nossos corações para essa voz com toda a nossa atenção."[45]

Há uma necessidade de prioridades na vivência da consagração religiosa e de realizar as mesmas prioridades. E, uma vida séria de oração, é uma dessas prioridades no processo de refundação de nossa consagração pessoal e da vida renovada de nossas congregações. Parece que a vida consagrada esqueceu como parar para contemplar e estar aos pés do Mestre em diálogo amoroso. Corremos o dia inteiro em obras e atividades, mas ficamos impacientes para parar um pouquinho a fim de nos abastecer no amor de Cristo e em amar a Cristo. Precisamos urgentemente voltar, para sermos amados por Cristo na contemplação e, em resposta, amar a Cristo na contemplação e no apostolado. Sem esse encontro diário, o religioso/a começa a secar e morrer, pior ainda, logo irá à busca de "outros amantes" (idolatria) e cria um coração profundamente diviso. Começa, então, o processo de infidelidade "no casamento místico".

Alguns/as talvez sintam desânimo em iniciar de novo o processo de cultivar seu "primeiro amor" (Ap

---

[45] Nouwen, op. cit. p. 15.

2,4). O problema pode ser que estamos nos colocando no meio de nossa oração com toda a nossa fraqueza e infidelidade, mas possuído de um desejo forte de reiniciar. Precisamos tirar nossa pessoa e nosso passado do meio da oração e colocar este Deus "enlouquecido por amor" no meio da oração. A experiência de São Paulo foi exatamente isto: "Não que eu já tenha alcançado o prêmio, mas uma coisa eu faço: esqueço-me do que fica para trás e avanço para o que está na frente" (Fl 3,13). Precisamos redescobrir um Deus que nos ama sem condições; um Deus que quer renovar a aliança de nosso casamento místico e de amor mútuo conosco; um Deus altamente misericordioso e perdoante; um Deus de amor casto. Essa é a experiência que precisamos refundar. Um dia em nosso passado ficamos apaixonados/as por esse Deus e consagramos nossa vida a Ele. É isso que precisamos refundar. E se tivermos a paciência de tirar a ferrugem de nossa oração de contemplação, vamos descobrir que Deus nunca nos abandonou e nunca parou de nos amar com uma paixão (Is 54,1-10; 43,1-5; 55,1-7; Ez 37,1-14; Mq 7,18-20). Precisamos reconhecer tudo isso por meio da experiência na intimidade da oração, e não em teorias, modas ou em movimentos que aparecem. Cristo é o amante que vivia a castidade como uma expressão de total autodoação ao seu Pai e aos homens e mulheres. Há necessidade de acolher na fé a verdade que esse mesmo amor está esperando por nós, os consagrados/as de Deus. Precisamos de pobreza espiritual para descobrir que o amor de Deus na castidade é um dom livre e é graça. Não podemos comprar, ganhar ou merecer esse amor

(Is 55,1-7). Em pobreza, precisamos acreditar e acolher esse amor sem colocar nossas condições que muitas vezes bloqueiam seu amor por nós. A castidade de Deus é um dom livre a nós; e nossa castidade é um dom-resposta livre a Deus. Vale a pena fazer o caminho de refundação dessa aliança de amor com Deus e Deus conosco. E é a graça de Deus que inicia o processo dizendo ao nosso coração: "Não tenha medo porque eu estou com você" (Is 43,1-5; Jr 1,8). "Agora sou que vou seduzi-la, vou levá-la ao deserto e conquistar seu coração" (Os 2,16).

### Terceira razão: A razão apostólica

*"Quando o Filho do Homem vier na sua glória, então, assentará em seu trono glorioso. Então o Rei vai dizer aos que estão à sua direita: 'Venham vocês que são abençoados por meu Pai. Recebem como herança o Reino que meu Pai lhes preparou. Pois estava com fome, e vocês me deram de comer; estava com sede, e me deram de beber; eu era estrangeiro, e me receberam em sua casa; eu estava sem roupa, e me vestiram; eu estava doente, e cuidaram de mim. Eu estava na prisão, e foram me visitar'. Então, os justos lhe perguntarão: 'Senhor, quando foi que te vimos com fome?'*
*Então, o Rei lhes responderá: 'Eu garanto a vocês; todas as vezes que vocês fizeram isso a um dos menores de meus irmãos, foi a mim que o fizeram'"* (Mt 25,31-46).

A razão apostólica talvez seja a mais fácil razão para entender e viver a castidade, mas ainda precisa muita contemplação para captar plenamente esse grande mistério da castidade. É mais fácil entender porque ela fala de uma ação, um ministério, um serviço concreto aos outros. Fala de pessoas com fome, com sede, de marginalização e de todas as outras misérias humanas que um religioso/a pode encontrar dentro e fora de nossas comunidades religiosas, e doar-se diante dessas realidades para aliviar os sofrimentos dos outros.

Se o voto de castidade é um casamento místico com a pessoa de Cristo, então os religiosos/as são obrigados a procurar o bem de seu esposo, Cristo. Mas Cristo agora está presente nos membros de sua Igreja que são feitos de "pedras vivas" (1Pd 2,4-10). Essas pedras vivas são, sobretudo, os pobres, os marginalizados, os sem terra e sem teto; são os não amados e rejeitados pela sociedade; são possivelmente até nossos coirmãos/as em comunidade. É, enfim, o povo de Deus que devemos estar servindo por meio de nossos carismas congregacionais. Teologicamente a castidade nesse sentido é o mandamento de Deus para servir e aliviar os sofrimentos de seu povo. É Deus conosco que continua dizendo hoje por meio de seus consagrados/as que *"ouvi muito bem a miséria do meu povo que está no Egito... ouvi o seu clamor e conheço seus sofrimentos. Por isso, **desci para libertá-lo**... Por isso, vá. Eu envio você para tirar do Egito o meu povo"* (Êx 3,7-10).

Essa razão teológica frisa a necessidade do religioso/a sair de si mesmo/a e de seu fechamento individual e comunitário para servir os necessitados ao seu redor. É seguir o Mestre que lavou os pés de seus discípulos e disse que a receita de alegria em nossa castidade está exatamente na imitação desse mesmo gesto com nossos irmãos/as: *"Se vocês compreende-*

*ram isso, serão felizes **se o puserem em prática***" (Jo 13,12-17). Castidade religiosa, então, é serviço e doação de si mesmo aos outros em qualquer necessidade. A motivação é o amor casto. Esse serviço casto começa com nossos próprios coirmãos/as em comunidade, mas não pode parar aí. Os membros da comunidade são depois convidados a sair de si mesmos para buscar e servir aos necessitados no mundo. Essa foi a razão teológica para entender melhor o apelo para inserção dos consagrados/as nos meios populares.

E o mistério da castidade está exatamente nisto: quem estamos servindo não são apenas os necessitados. Precisamos ir mais longe na fé e na contemplação *para ver o rosto de nosso esposo neles*. A motivação última da castidade, segundo a razão apostólica, é para servir Cristo Esposo nos necessitados. "*O que fizeram a eles, vocês fizeram a mim*". No encontro de Jesus ressuscitado com Pedro, este mesmo princípio e razão apostólica, foram mais uma vez frisados. Todo amor a Cristo necessariamente precisa terminar num amor e num serviço aos nossos irmãos/as. Quando Jesus pediu uma declaração de amor de Pedro por três vezes, e Pedro deu tal afirmação, Cristo pediu que provasse seu amor a ele por meio do cuidado dos membros da Igreja. Foi a razão apostólica mais uma vez: "*Pedro, você me ama? **Então, tome conta das minhas ovelhas***" (Jo 21,15-19). Assim, todo apostolado, todo serviço em ou fora da comunidade é um ato de castidade se for motivado pelo amor a Cristo que está presente em nosso irmão/a. Cada serviço mais humilde que fazemos é uma prática da castidade se for por essa mesma motivação para servir Cristo nos outros. Sem ver o rosto de Cristo nos outros, especialmente nos mais pobres, seria impossível manter uma vida casta como serviço alegre e generoso. Às vezes nosso serviço apostólico encontrará uma situação sem uma resposta de amor e de gratidão, sem recompensa e sem reconhecimento. Todo religioso/a, sem dúvida, já experimentou essa realidade em sua caminhada dentro e fora da vivência comunitária. Somente a castidade pode dar-nos a força para voltarmos a servir Cristo nessas mesmas pessoas. *"Pois se amam somente aqueles que os amam, que recompensa vocês terão? Os pagãos não fazem a mesma coisa? Portanto, sejam perfeitos como é perfeito o Pai de vocês que está nos céus"* (Mt 5,46-48; 6,2-3.14-15). Amor sem recompensa faz parte da castidade. Amor sem uma resposta recíproca faz parte de nossa castidade. E nessas circunstâncias difíceis de rejeição de nosso amor e de nossa sexualidade que Cristo apresenta o mesmo desafio de castidade: *"Você me ama? Então tome conta das minhas ovelhas; o que faz a elas, você faz a mim"*. E sempre haverá uma resposta amorosa e casta na parte da Trindade, especialmente no silêncio diante do Santíssimo: *"Venham vocês que são abençoados por meu Pai. Recebem como recompensa o reino que meu Pai preparou desde a criação do mundo. Eu garanto a vocês: todas as vezes que vocês fizeram isso a um dos menores de meus irmãos, **foi a mim que o fizeram**"* (Mt 25,31-40). E isso é uma das razões porque Cristo está apaixonado por todos seus consagrados/as. Nós amamos a ele por meio dos sofridos e necessitados porque Ele está neles/as.

É claro que essa motivação para amar a Cristo por meio dos outros não acontece automaticamente. Exige uma consciência do que estamos fazendo. Exige anos de caminhada para chegarmos até essa atitude permanente. A motivação precisa ser clara e assumida em tudo que fazemos em favor dos outros. Nós, pela fé, precisamos exercer nossa castidade procurando o rosto do Esposo nos outros e alegremente percebendo que estamos servindo Cristo nos outros. E essa motivação exige um "morrer para si mesmo" e um radical desinteresse em si mesmo. É colocar o necessitado (Cristo) no centro de nossas motivações e ações. E essa motivação somente pode ser o fruto de comunhão com Cristo, por meio da oração de contemplação. É um processo de purificação de motivações até que todo o amor evangélico predomine em nós. É uma abertura para perceber "os gemidos" do povo e tentar ir ao encontro deles sabendo na fé que vou achar Cristo sofrendo neles. E está em Cristo e por Cristo que vou tentar aliviar as dores de seu povo. Isso é castidade encarnada. E é o tipo mais profético possível da castidade porque é por meio de nosso amor sincero e serviço alegre que mostramos para o povo de Deus que Deus está entre eles e os ama. *Somos o rosto e o coração de Deus para seu povo por meio de nossa prática da castidade.*

Castidade nesse sentido exige, então, uma grande atitude de fé para perceber que, inclusive as coisas insignificantes de nossa vida em comunidade, são atos de castidade. Coisas simples que exigem algum tipo de serviço em favor dos outros/as são atos de castidade se nossa motivação é amor a Cristo. Cumprir deveres simples na comunidade é castidade se nossa motivação é o amor a Cristo. Todo apostolado é castidade se nossa motivação é servir Cristo neles. Nesse sentido podemos viver a castidade durante o dia todo. É um dinamismo sexuado e um amor profético no meio do mundo tão fechado em seu individualismo doentio e em seu egoísmo. É uma castidade profundamente profética.

## Quarta razão: A razão escatológica

*"Nem todos entendem isso, a não ser aqueles a quem é concedido". De fato, há homens castrados, porque nasceram assim; outros, porque os homens os fizeram assim; outros, ainda se castraram por causa do reino do Céu. Quem puder entender, entenda"* (Mt 19,10-12).

Essa razão teológica talvez seja a mais difícil de entender porque somos filhos/as da pós-modernidade que frisa somente o aqui e a agora e o imediato. Mas essa razão escatológica fala somente do futuro definitivo, isto é, do fim dos tempos. Por isso, é difícil sermos proféticos aos nossos contemporâneos nesse sentido, isso porque toda a sua atenção está no aqui e no agora. Poucos se preocupam com o futuro definitivo e o fim dos tempos.

O plano original do Pai nunca teve na mente a morte do homem e da mulher, nem o fim das coisas criadas e materiais. O mundo e a humanidade seriam eternos, segundo o plano casto de Deus Pai. Mas, tudo isso acabou com a introdução do pecado. Em consequência do pecado, haverá um fim, haverá a morte e haverá um fim do mundo criado como nós o conhecemos. E, um dia, haverá "um novo céu e uma nova terra" (Ap 21,1).

Haverá a introdução do que se chama em teologia dos "novíssimos". São os tratados teológicos sobre a morte, o julgamento particular, o fim do mundo, a segunda vinda do Senhor na glória e, finalmente, o julgamento final e o final definitivo entre o céu e o inferno (Mt 13,49; 24,3-51; 25,31-46; Lc 11,31).

Na parábola de Jesus sobre os castrados, ele explica a razão escatológica do voto de castidade. Há homens e mulheres *por vocação* que assumem um estilo de vida, o voto de castidade e a vida celibatária, para poderem profetizar essas realidades dos fins dos tempos. "Ainda há os que se castraram por causa do reino do céu" explica esta razão escatológica (Mc 12,25; Lc 20,35). Pessoas consagradas livremente assumem o voto de castidade para dizer ao povo tão centrado neste mundo material que um dia haverá um fim deste mundo. E a prova dessa profecia demonstra-se por meio do estilo de vida dos consagrados/as, que optam livremente a não se casar. A livre escolha de uma vida celibatária tem por finalidade profetizar o fim definitivo, porque no fim definitivo não haverá casamento. *"Vocês estão enganados, porque não conhecem as Escrituras, nem o poder de Deus. De fato, na ressurreição, os homens e as mulheres não se casarão, pois serão como os anjos do céu"* (Mt 22,30). A vida celibatária é uma profecia gritante para os que não querem olhar para a realidade da relatividade das coisas criadas e do fim dos tempos[46]. Nada, então, é absoluto. A vida celibatária livremente assumida "por causa do reino", automaticamente coloca o

---

[46] SCHNEIDERS, op. cit., p. 131-132.

homem e a mulher modernos em questionamento sobre seus valores que são transitórios diante do importante e dos valores evangélicos que não passam. O homem e a mulher seguindo seus novos deuses: materialismo, poder e prazer são fortemente questionados sobre esses valores transitórios diante de pessoas celibatárias, alegres e comprometidas com a vida e com seus olhos para o fim definitivo. O homem e a mulher, diante dessa profecia da vida celibatária, são convidados a parar e a se confrontar com sua vida e seus valores. *"De fato, que adianta um homem ganhar o mundo inteiro, se perde e destrói a si mesmo?"* (Lc 9,23-25). O voto de castidade nesse sentido coloca o religioso/a no limiar da sociedade como alguém que teve coragem para ser diferente e profético e que livremente opta por renunciar às coisas tão importantes na vida do homem e da mulher modernos.[47] Os olhos e o coração da vida celibatária livremente assumida estão fixos em Deus como seu único Absoluto, esperando vigilantes para o fim dos tempos, experimentando o "novo céu e a nova terra" que já vivem profeticamente pelo voto da castidade.[48]

## Algumas reflexões sobre as quatro razões teológicas

**1)** Certamente uma ou outra razão teológica apela mais para cada religioso/a, do que as outras razões para

---
[47] O'Murchu, op. cit., p. 132.
[48] Alonso, op. cit., p. 254-255.

animar a vivência de seu voto de castidade. É interessante como uma razão fala mais num estágio particular de nossa vida religiosa e, de repente, outra razão fala mais menos em outro estágio. Cada religioso/a é diferente e devemos aprofundar o que mais fala ao nosso coração durante qualquer estágio para viver melhor esse voto tão belo. A razão que fala mais para nós facilita muito nossa contemplação e nossa intimidade com Cristo que deve desembocar na vivência desse voto.

Mas a verdade é que as quatro razões são bem inter-relacionadas. Uma visão teológica de uma razão ajuda a entender a outra. E, por isso, precisamos necessariamente das quatro razões para entender melhor nosso compromisso e sermos alimentados por meio dessas reflexões teológicas. Não posso, por exemplo, entender a razão mística sem primeiro entender o significado teológico de um coração indiviso. Não posso entender a razão apostólica sem primeiro ter experimentado um relacionamento de amor íntimo com Cristo, por meio da razão mística. Portanto, a contemplação desse voto exige a vivência das quatro razões. Uma razão pode predominar e falar mais ao meu coração, mas preciso meditar também nas outras razões para entender e apreciar cada vez melhor a vivência deste voto.

**2)** A razão apostólica certamente apela mais para os mais jovens religiosos/as ou candidatos/as. Depois do Concílio Vaticano II, houve uma tentativa para renovar e refundar nossos carismas congregacionais. Um resultado evidente foi o questionamento de nossas estruturas monásticas diante do apelo dessa renovação. Nesse sentido, carisma, obras e ministérios ficaram muito importantes na vivência da castidade. A razão apostólica ficou sendo a mais importante pessoalmente, comunitariamente e durante o tempo de formação inicial e permanente. Religiosos/as colocaram sua ênfase primária na ação do carisma em sua espiritualidade sobre a castidade. Nesse momento histórico, deixaram igualmente de lado as razões teológicas mais espirituais sobre a castidade como a razão mística e a do coração indiviso. Foi mais fazer e agir do que a busca da dimensão unitativa e de intimidade com Deus.[49] O próprio enfoque da teologia de libertação seguiu essa linha de ação e de ministérios, orientando muito de nossa vida consagrada com resultados bons, como também alguns ruins. Isso trouxe resultados bons no sentido que precisávamos reavaliar nossas estruturas para acolher melhor *o aspecto donativo e apostólico* de nosso voto de castidade. Mas, também, trouxe alguns resultados deficientes, onde criamos uma geração de religiosos/as *que esqueceram como cultivar intimidade pessoal com Deus*. Criamos uma geração de religiosos/as que esqueceram como rezar, e, especialmente, contemplar. O resultado foi retiros-cursos onde silêncio e até oração foram considerados "alienantes", tornando-se um empecilho para a vivência do carisma e da castidade. Nem foi celebrada a Eucaristia em alguns desses retiros. Tudo que se falou dos aspectos espirituais foi taxado de "intimista", "alienante" e "negativo". Houve retiros onde

---

[49] SCHNEIDERS, op. cit. 146.

o silêncio foi totalmente abandonado. E os religiosos/as começaram a secar por dentro, porque só fazer ações sem contemplação foi uma interpretação errônea, segundo toda a tradição da vida religiosa desde o começo e, de fato, da própria teologia de libertação. Sem oração, de repente, Cristo tornou-se uma ideia, uma filosofia, uma teologia, um movimento, *mas não aquela pessoa que me amou primeiro e quis que nós experimentássemos diariamente seu amor.* Tiramos Cristo do meio de nossa vida consagrada e casta, e o colocamos no centro, e muitas vezes ficamos sem Cristo e, assim, perdemos muita de nossa profecia na Igreja. Quem esquece de Cristo logo esquece da motivação básica de amor em sua consagração. Esquecemos que somos consagrados para amar e servir, que exige toda uma doação de si mesmo em favor dos outros. Nossos serviços começaram a ser exercícios em autoamor e amor interessado. Assim faltou a profecia de mostrar o rosto e o coração do Pai em Cristo no Espírito Santo, cujo amor é desinteressado.

    Hoje o pêndulo mudou de novo para frisar também as outras razões teológicas. Essa reação aconteceu quando os religiosos/as perceberam que algo foi errado na vivência da castidade em suas vidas e em suas congregações. Isso levou a vida consagrada a buscar a verdade. Foi necessário e urgente redescobrir e refundar certos alicerces esquecidos e renovar o interesse nas outras razões teológicas que foram esquecidas por algum tempo. Houve um renovado interesse em oração contemplativa e na necessidade de um relacionamento humano e sexuado entre Cristo e seu/sua consagrado/a. Houve uma busca para fazer retiros dirigidos que exigiram muito silêncio para fornecer momentos de intimidade com Deus e da experiência de amor mútuo.[50] Houve a busca de estudos de psicologia para entendermos melhor o sentido de nossa sexualidade dentro do contexto do voto de castidade, a fim de podermos amar melhor a Cristo em nós e Cristo nos outros. Tudo isso reanimou as razões místicas e apostólicas juntas. Houve de novo certo equilíbrio.

3) Em qualquer movimento do pêndulo de um extremo para o outro, sempre há o perigo de perder o alvo. Alguns movimentos, buscando mais intimidade com Cristo, tornaram-se realmente movimentos intimistas. Criaram uma espiritualidade desligada dos compromissos de doação de si mesmo/a para continuar a profecia de Cristo encarnado. Alguns religiosos/as buscavam uma intimidade intimista que excluiu a necessidade de sair de si para buscar os necessitados e servi-los com generosidade autêntica que vem de dentro para fora (razão apostólica). Quiseram a intimidade, mas não o serviço, e o erro está exatamente nisso. Na prática da castidade evangélica não pode haver um sem o outro. É impossível dizer a Cristo "eu te amo" e virar as costas aos necessitados que entram em nossa vida comunitária e apostólica. "Pedro, você me ama? Então toma conta das minhas ovelhas" (Jo 21,15-19). Os dois extremos perderam o alvo. Ativismo sem contemplação, e contemplação sem serviço não sustentam a vivência da castidade. Os dois extremos são sinais da falta de profecia na vivência da

---

[50] Id. ibid., p. 146.

castidade como Cristo vivia esse valor evangélico. Cristo amou o Pai em profunda intimidade pela contemplação, e durante o dia saiu de si para servir aos seus irmãos/ãs em comunidade e aos necessitados. *Essa mistura fina de contemplação e ação é o melhor sinal que nossa castidade está sendo uma verdadeira profecia.* A perda de um desses elementos é um sinal que nossa castidade está, ou logo estará, em crise e em desequilíbrio.

**4)** Olhando para nossa reflexão teológica neste capítulo, podemos resumir o voto de castidade em duas coisas: uma pessoa que é Jesus Cristo, e o serviço ao Cristo que está nos outros. A pessoa de Cristo é o começo e o fim do voto de castidade. Pelo voto de castidade somos convidados a entrar no rabinato de Jesus, para chegar até uma profunda intimidade com ele. É ele que nos escolheu (Jo 15,16). Jesus que é divino e totalmente humano com uma sexualidade, quer intimidade com seus consagrados/as. Nosso relacionamento exige sinais sexuados entre o amado/a e o amante Cristo. Exige intimidade, ternura, um gostar de estarmos juntos, uma doação mútua de nós mesmos. Exige um desejo de ser como Cristo é em sua castidade, totalmente virado ao Pai em adoração e culto (Jo 1,1-2), e totalmente virado à necessidade de salvar toda a humanidade. Esse processo de ficar apaixonado por Cristo se cultiva na formação inicial, mas é necessário que demos espaço e meios para que esse processo unitativo possa crescer por meio da formação contínua. A formação na castidade perdura por toda a nossa vida consagrada, necessitando de meios concretos para cultivar essa amizade e intimidade com Cristo. Precisamos alimentar o fogo de amor por meio de oração pessoal, liturgia, um dia de retiro por mês, onde honestamente damos espaço para Deus nos amar e, em resposta, nós amarmos a Ele. Precisamos estabelecer prioridades em nossa vivência de castidade, que começa e termina, em nosso relacionamento humano e sexuado com a pessoa de Cristo. Isso é a chave para a realização humana e espiritual na castidade. Só assim seremos capazes de ver e experimentar o rosto de Cristo em todos/as que aparecem em nossas vidas e sentir a necessidade de sair de nosso fechamento para servir Cristo neles. Somente esse entendimento do voto pode dar sentido para nossa vida consagrada e casta.[51]

5) Deus nunca muda. Deus é amor. O problema é que nós mudamos e nem sempre praticamos o amor na comunidade ou no apostolado. Alguns/as possuem complexos que interferem em sua capacidade para amar e ser amados/as. Mas, mesmo assim, o Espírito Santo sempre nos chama à conversão para buscar e experimentar de todo o nosso coração o amor de Deus em nossa vida. Infelizmente, nós somos nossos próprios piores inimigos nessa busca do amor radical a Deus e ao próximo que está no centro do coração da castidade. Muitos religiosos/as têm uma imagem muito negativa de si mesmos. Quando Deus entra em nossas vidas e mostra que Ele nos ama, ficamos sem fé e sem jeito para acolher esse amor como *graça*. Já buscamos por justificações para *merecer* o amor de Deus em nossas vidas. Tratamos Deus como se fosse exatamente como nós, e julgamos que ele pensa

---

[51] Id. Ibid., p. 132.

e age como nós. *"Os meus projetos não são de vocês, e os caminhos de vocês não são os meus caminhos. Tanto quanto o céu está acima da terra, assim os meus caminhos estão acima dos caminhos de vocês"* (Is 55,8-9). Deus não precisa de uma razão para nos amar. *Deus é amor.* Ele nos ama de graça e porque Ele quer nos amar. Só falta-nos acolher essa crença na fé.

Precisamos colocar Deus no meio de nossa oração e deixar que Ele seja Deus conosco. Precisamos que Deus seja amor conosco. Precisamos em toda oração de intimidade tirar as imagens falsas de Deus que formamos em nossas cabeças e em nossos corações que ocupam tantas vezes o centro de nossa oração. Assim, não damos espaço para Deus ser o que Ele é e quer ser conosco. Deus é amor. Portanto, quando sentimos medo, incompreensão, frisando nossas limitações como pecador/a e infiéis, *estamos ocupando o lugar central da oração.* Esses sinais devem ser como uma luz vermelha para indicar que estamos fora do caminho e que nós mesmos estamos ocupando todo o espaço no meio da oração. Tiramos Deus do meio da oração. Precisamos sempre aparecer diante de Deus como somos. Não devemos usar máscaras. Quando percebemos que estamos no centro da oração, devemos logo dirigir toda a nossa atenção a Deus, e sair do meio da oração, a fim de descobrirmos o que Ele quer ser e fazer conosco como consagrados/as imperfeitos e até pecadores/as. Se um desses sinais negativos aparece em nossa oração mais íntima com Deus, devemos então tentar tirá-los do meio da oração, deixando que somente Cristo fique no lugar central.

Deixe que Ele seja aquele que tira o medo; aquele que nos conhece profundamente e ainda não nos julga, mas ama; que alegremente nos perdoa de nossas misérias por seu sangue na cruz; aquele que nos dá o dom de acolher seu amor em graça; e, finalmente, em sua castidade, aquele que revela e partilha conosco seu Pai, e que nos dá seu Espírito Santo. Em poucas palavras, precisamos esquecer-nos de nós mesmos muito mais para podermos experimentar o grande "Outro" que é Deus e que é amor e castidade. Experimentem. Porque vale a pena conhecer e experimentar esse Deus "enlouquecido por amor" (Santo Afonso).

## Perguntas para ajudar na partilha comunitária

1) Você recebeu uma orientação teológica sobre o voto da castidade em seu Noviciado? Como foi essa orientação? Se essa orientação faltou em sua formação inicial ou permanente, você acha que prejudicou sua vivência desse voto?

2) Você percebeu que Cristo primeiro foi casto até antes da Encarnação? O que mais toca sua pessoa a respeito da vivência da castidade de Cristo no mistério pascal: sua Encarnação, a Eucaristia, ou a Paixão e Ressurreição? Poderia partilhar com os outros/as?

3) Você olha para Jesus na fé e na oração como uma pessoa sexuada ou não? O que sente sobre isso? Qual é a imagem predominante de Jesus quando reza? Você trata Jesus com ternura e deixa que ele seja assim com você?

4) Qual das quatro razões teológicas mais toca sua pessoa? Por que você se sente atraído/a por essa razão teológica?

5) Você sente que a ênfase ou a visão das quatro razões teológicas mudou em sua vida durante sua caminhada na vida consagrada? O que mais apela agora para você nesse estágio de sua vida consagrada?

6) Poderia partilhar com os outros/as sobre sua espiritualidade atual desse voto de castidade? Você acha que se sente bem como uma pessoa sexuada diante de Deus, ou ainda há tabu sobre esse assunto até com Deus?

7) Você se sente realmente amado por Deus e experimenta seu carinho e ternura em sua espiritualidade como uma parte de seu voto de castidade? O amor de Deus em sua vida impulsiona para o apostolado e serviço aos outros?

# 3 A PRÁTICA DO VOTO DE CASTIDADE

## 1. Introdução

A prática do voto de castidade é misteriosa. Em um sentido, é fácil viver o amor a Deus e ao próximo com todo o nosso ser sexuado. Quando realmente estamos vivendo um amor evangélico, que exige renúncias alegremente assumidas e integradas, a castidade é fácil. Mas, em outro sentido, é muito difícil viver essa profecia no mundo atual. O que determina a facilidade ou a dificuldade é a maneira como encaramos o sentido humano e teológico desse voto em nossas vidas. Se eu realmente entendo e tento viver a teologia desse voto, apesar das dificuldades que sempre existirão, vou sentir-me profundamente realizado como um ser humano e como um consagrado/a, e haverá em mim uma alegria e uma paz interior muito grande. Assim, seria fácil viver esse voto até quando há renúncias envolvidas. Mas, se reduzimos a vivência desse voto somente a alguns aspectos puritanos de renúncia sexual, então, a vivência vai ser não somente difícil, mas até um sofrimento inútil em nossa vida consagrada. No fim, vou ficar frustrado/a sexualmente, e minha vida vai ser uma tortura e uma infelicidade contínua para mim mesmo e, pior ainda, para com os outros/as. O resultado ruim, no fim, seria a formação de solteiros/as totalmente não realizados, tristes, azedos sem uma gota de profecia em sua vida celibatária. Ou essa atitude negativa e opressiva pode produzir consagrados/as que optam por não viver os compromissos da vida celibatária vivendo, assim, uma vida dupla e falsa que automaticamente traz maior tristeza humana e espiritual. Esse quadro negativo, infelizmente, existe em alguns membros na vida religiosa e é triste mesmo. Uma vida sem amor e com frustração crônica é uma vida morta e infértil. Por isso, é de máxima importância que confrontemo-nos com nossas motivações, como também com nosso espírito alegre sobre a vivência de nossa castidade, procurando evitar os sinais de acomodação e de frustração. Estando num estado de frustração, fechado e isento de toda ternura na vivência de nossa castidade, precisamos urgentemente buscar ajuda de um coirmão/a, um profissional, ou um orientador espiritual. Não podemos resolver sozinhos esses tipos de problemas. E quanto mais cedo fizermos isso, tanto será melhor. *Deus nunca nos chamou para uma vida de frustração e tristeza.* Mas muitas vezes, em nossa falta de honestidade, é Deus mesmo que recebe a culpa por toda essa frustração e não realização na vivência de nossa castidade. Está faltando muito uma vida contemplativa sobre as razões teológicas da castidade.

Depois do Concílio Vaticano II, a CRB e a CLAR publicaram panfletos sobre a vivência do voto de castidade. Essas pequenas obras foram dirigidas aos formadores/as na esperança que passariam novas orientações para seus formandos/as. A esperança foi que íamos sair do velho modelo de castidade, que somente falou de considerações legais e moralistas, para podermos assumir e viver na América Latina uma nova visão teológica e alegre da castidade. Houve nesses panfletos uma ênfase no profetismo do voto da castidade, frisando mais a necessidade de mostrar visivelmente nosso amor a Deus e ao próximo com os dois pés no chão. Eles foram excelentes e contiveram muita matéria que facilitou o trabalho do formador/a, especialmente o dos Mestres de Noviços/as. Em um sentido, podemos dizer, que foi um excelente curso em educação sexual, não no sentido biológico, mas psicológico, antropológico, teológico e espiritual.[52]

Neste capítulo gostaria de partilhar com o leitor/a algumas dessas orientações para nos ajudar a entender melhor a vivência alegre de nossa castidade, dando-nos pistas de reflexão, de conversão e de profecia. Também incluo algumas reflexões que vêm da prática de orientação espiritual durante vários anos com religiosos/as que enriqueceram minha própria prática da castidade com suas partilhas. Para podermos fazer isso, precisamos abrir-nos ao Espírito Santo. Ele pode e quer sarar e curar algumas feridas do passado que hoje ainda têm efeito em nossa sexualidade e, por isso, na pratica de nossa castidade. O Espírito não somente é luz que nos mostra a verdade que nos liberta na vivência de nossa castidade, mas Ele também cura para que possamos viver cada vez mais profeticamente nossa castidade neste Continente pobre

---

[52] Como tantas coisas boas que marcaram nossas vidas, como Mestre de noviços passei toda essa matéria para o próximo Mestre de Noviços, e não a possuo mais para poder indicar as fontes exatas. Mas esses documentos da CLAR e CRB são fáceis, caso queria, de encontrá-los, especialmente os artigos sobre os votos.

onde falta tanto amor. O desejo do Espírito Santo é que sejamos alegres em nossa castidade e que produzamos muitos frutos para a glória do Pai (Jo 15,7-11). A meta deste capítulo é que tenhamos um amor fértil com um coração supersexuado que produza frutos de amor casto.

## 2. Nossa realidade e a necessidade de humildade

Segundo a teologia do voto de castidade, somos convidados a profetizar o amor Trinitário em nossas vidas. Fomos feitos na "imagem de Deus" exatamente em nossa capacidade para amar e sermos amados. Mas o amor divino é um amor que é cem por cento perfeito. Isso é nosso ideal e nossa meta em viver esse voto: tentar chegar até cem por cento com um amor radical a Deus e ao próximo: *"Sede perfeitos como seu Pai é perfeito"* (Mt 5,43-48).

Quando professamos nossa consagração, o voto de castidade tornou-se uma parte integral de nossa vida, cujo alicerce foi a aliança do Batismo exemplificado por meio de um amor radical a Deus e ao próximo. No dia de nossa profissão religiosa, nosso desejo, sem dúvida, foi puro e muito sincero. Mas, infelizmente, nossos pés nem sempre estavam firmemente plantados no chão. Nosso desejo foi desproporcional às nossas capacidades para amar radicalmente cem por cento como Deus ama. Não demorou muito tempo para descobrirmos que dentro de nós houve alguns obstáculos bem enraizados que não nos deixaram viver esse amor sexuado totalmente dirigido a Deus e ao próximo. Ao invés de cem por cento, descobrimos que fomos capazes de doar somente cinquenta ou sessenta por cento de nossa capacidade sexuada para amar. Foram momentos difíceis quando precisávamos encarar, acolher e integrar essa verdade. Descobrimos que houve uma diferença radical entre um amor intelectual de livros e um amor praticado na vida que realmente exigiu de nós uma opção para sair de nós mesmos e nos doarmos aos outros. Houve momentos de desconfiança no amor de Deus, no amor de nossos coirmãos/as e do povo de Deus. Ficamos decepcionados/ãs. Houve sinais evidentes quando optamos por não amar, que nos deixaram confusos/as, porque foi difícil admitir que éramos capazes de sermos tão mesquinhos/as. Começamos a descobrir que uma força de autoamor egocêntrico esteve muito fortemente enraizada dentro de nosso "coração". Descobrimos que fomos às vezes "pão duro" em amar, mas, exigimos com exagero que fossemos amados/as pelos outros. Mostramos, às vezes, um amor muito infantil. E começamos a ficar tristes diante dessas realidades. Muitas estruturas na vida religiosa infelizmente atrapalharam a possibilidade de crescer em nossa capacidade de amar como pessoas sexuadas. Mas Deus, no cumprimento de sua parte na aliança de amor a nossas pessoas, nunca mudou. Ele não nos amou menos por causa desses sinais de fraqueza e até de infidelidade. Ele continuou sendo fiel em seu amor a nós.

*"Se nós o renegamos também ele nos renegará. Se lhe fomos infiéis, ele permanece fiel, pois não pode renegar a si mesmo"* (2Tm 2,11-13).

Só posso dizer, no meio de sua tristeza, que seja bem vindo/a ao "clube" dos religiosos imperfeitos/as tentando

viver um amor perfeito. Temos boa companhia na pessoa de São Paulo, que viveu o mesmo dilema, confusão e sofrimento:
*"Assim, encontro em mim esta lei: quando quero fazer o bem, acabo encontrando o mal. No meu íntimo eu amo a lei de Deus, mas percebo em meus membros outra lei que luta contra a lei da minha razão e que me torna escravo da lei do pecado que está nos meus membros"* (Rm 7,21-23).

Somente quando admitirmos com calma e com fé que há certas tendências em nós que não nos deixam amar como devemos, *é que vamos começar a crescer*. Rejeitar essa realidade nos condena para uma vida de desilusão e, pior ainda, sempre desculpando nossa falta de castidade e colocando a culpa nos outros. Quando descobrirmos que temos um *"espinho na carne"*, e que somos fracos, é quando vamos começar a sermos fortes (2Cor 12,7-9). Somente diante do acolhimento de nossa totalidade é que vamos poder com calma assumir todos esses obstáculos e começar o caminho para a conversão e a libertação. E a conversão nesse sentido será uma luta até o "caixão". Mas é uma luta que vale a pena assumir para podermos amar mais, e mais autenticamente. Somente vamos amar como Deus, cem por cento, quando recebemos o abraço amoroso e misericordioso do Pai após a morte. A castidade, então, é uma aventura no amor que vai exigir muita renúncia, mas muita libertação. Vale a pena assumir essa aventura.

A prática da castidade começa então com a *humildade,* abraçando a verdade que é uma vivência constante de castidade, é um dom. Não somos capazes de viver a virtude da castidade sustentados/as somente por nossos próprios esforços. Sem esse dom, é impossível manter uma atitude constante ou a virtude da castidade. Virtude é algo que toca profundamente em nossas motivações. Algo que toca em nossa opção fundamental de consagração para amar a Deus e ao próximo numa forma radical. Viver o dia inteiro buscando amar a Deus e ao próximo é um dom que somente vem de Deus. Por isso, o primeiro passo é pedir por esse dom da fonte desse dom de amor. Deus é amor. Preciso iniciar a prática da castidade com a *pobreza espiritual* reconhecendo que não sou a fonte da castidade, mas, sim, é Deus. Que eu possuo limitações e até bloqueios na vivência desse voto. Por isso, eu preciso de graça. Eu preciso ser pobre.

*"Por esse motivo, três vezes pedi ao Senhor que o afastasse de mim... (este espinho). Ele, porém, me respondeu: 'Para você basta a minha graça, pois é na fraqueza que a força manifesta todo o seu poder'"* (2Cor 12,9).

É na contemplação de Cristo casto que vamos sentir a necessidade de ser e agir como Ele é na prática da castidade. Na contemplação vamos perceber nossa fraqueza para viver essa virtude constantemente, porém, no mesmo momento, vamos sentir-nos cercados pelo amor sempre fiel de Deus. Deus virá ao nosso encontro com seu dom para que possamos viver com mais autenticidade e profecia esse voto. Deus é a fonte de amor e de castidade e Ele quer partilhar seu dom conosco, seus/suas consagrados/as. Como na oração, também na prática da castidade precisamos colocar Deus e seu amor no meio e confiar em sua graça. Deus é fiel. Deus quer partilhar conosco seu dom de amar.

Por isso, sem medo, devo aproximar-me de Cristo Sumo Sacerdote com toda a minha realidade sexual. Sem medo, porque:

*"De fato, não temos um sumo sacerdote incapaz de se compadecer de nossas fraquezas, pois ele mesmo foi provado como nós, em todas as coisas menos o pecado. Portanto, aproximemo-nos do trono da graça com plena confiança, a fim de alcançarmos a misericórdia, encontrarmos graça, e sermos ajudados no momento oportuno"* (Hb 4,15-16).

A libertação no voto de castidade começa exatamente nisto: Cristo não se afasta de nós por causa de nossas limitações na tentativa de amar ou até por causa de nossos pecados sexuais. Somos nós que nos afastamos de Cristo, pensando que Ele nos julga como nós julgamos a nós mesmos. Jogamos em Cristo nosso coração "torto" pensando que Ele ama como nós, isto é, com condições e exigindo uma perfeição onde não há possibilidade de perfeição. Julgamos que Cristo só nos amará se já somos perfeitos na castidade. Nada é mais longe da verdade. Cristo nos conhece por profundo e está apaixonado por nós: *"Javé, tu me sondas e me conheces... Tu me envolves por detrás e pela frente e sobre mim colocas a tua mão"* (Sl 139,1-6). Não precisamos ser perfeitos na castidade para acolher o amor de Cristo. É dom e é graça. Então, na prática da castidade, precisamos sentir-nos em paz com Cristo até com nossas limitações e fraquezas. Precisamos *"aproximar-nos do trono de graça e de misericórdia"* para sermos amados/as por Cristo, mas também desafiados por Ele para sairmos de nosso egoísmo e viver nosso compromisso da castidade com esperança, como também com a porcentagem que podemos doar neste momento de nossa história. Tudo começa com a humildade de acolher a nós mesmos exatamente como somos, com um coração inflamado de amor por Deus e pela humanidade, mas também com um coração incapaz de amar perfeitamente. Esse acolhimento de nossa imperfeição deve animar-nos na busca de crescimento. Nossa consolação, de novo, está na pessoa de São Paulo, que fala depois de anos dedicados a Cristo na castidade que:

*"Não que eu já tenha conquistado o prêmio ou que já tenha chegado à perfeição; apenas continuo correndo para conquistá-lo... Irmãos, não acho que eu já tenha alcançado o prêmio, mas uma coisa eu faço; esqueço-me do que fica para trás e avanço para o que está na frente"* (Fl 3,12-13).

Sendo assim, na prática da castidade, seguimos os conselhos de Paulo: primeiro, devemos viver na alegria a pobreza espiritual, reconhecendo que ainda não chegamos à perfeição no amor e, segundo, a necessidade de esquecer do passado, começando hoje a buscar viver a castidade segundo nossas possibilidades com cada vez mais autenticidade e esperança.

## 3. Nossa sexualidade é algo positivo e reflete o Criador

"A sexualidade e a fecundidade humanas são não só criaturas de Deus, mas criaturas boas, algo pensado e criado por Deus como expressão de sua bondade e santidade. Portanto, quando o sexo é desqualificado, considerado algo indigno, feio ou ruim, está se desqualificando seu autor e criador."[53]

Pela falta de educação sexual em nossos lares e na formação inicial, muitos religiosos/as têm uma visão negativa sobre sua sexualidade. No outro extremo, a pós-modernidade deixou uma visão hedonista em muitos dos novos candidatos/as à vida consagrada. Infelizmente, alguns/as ainda limitam sua sexualidade a uma visão reducionista, isto é, que nossa sexualidade é reduzida somente às considerações de genitalidade.[54] Eles não percebem que a sexualidade é algo muito mais vasto que toca em toda a nossa personalidade e em tudo que somos e fazemos. Por isso, alguns/as não cultivam esse dom de Deus, porque está somente pensando em guardar sua pureza como o essencial desse voto e se esquecem do próprio essencial — *amar*. Vivemos tentando suprimir e apagar esse dom fazendo injustiça para nós mesmos/as. Sexualidade é um dom de Deus e ela nos faz como Ele *"feitos em sua imagem"* (Gn 1,27). E *"Deus viu que tudo*

---

[53] BENETTI, Santos, op. cit., p. 116.
[54] VIDAL, Marciano, op. cit. p. 588.

*o que havia feito era muito bom*" (Gn 1,31). Este "muito bom" inclui nossa sexualidade. Deus *"os criou homem e mulher"* (Gn 1,27), e *"o homem e a mulher estavam nus, porém não sentiram vergonha"* (Gn 2,25). Ficou claro na revelação que a sexualidade é um dom do Criador, é boa e no começo não houve malícia. Somente depois do pecado é que começou a malícia: *"Então se abriram os olhos dos dois, e eles perceberam que estavam nus"* (Gn 3,7).

Para viver a castidade precisamos orientar nossa visão de sexualidade para uma visão positiva. Precisamos perder essa visão de que tudo que se relaciona à sexualidade e à genitalidade é "sujo", "impuro" e "pecado". Isso não vai ser fácil para religiosos/as que foram formados a viver exatamente o oposto, uma visão negativa de sua sexualidade. Nossa formação, às vezes, foi e ainda é totalmente reduzida à pureza de nossa genitalidade, e não ao dinamismo de amar e ser amado. Sexualidade é a criação de Deus e, por isso, *é intrinsecamente algo santo que reflete o próprio Criador*. Não devemos sentir vergonha de nossa sexualidade. Devemos apreciar toda a nossa capacidade de amar e criar nova vida por meio de nossa sexualidade e genitalidade. Somente assim podemos fazer um presente desse dom que recebemos de Deus, devolvendo-o para Deus em culto e adoração pelo voto de castidade. Somente assim nossa castidade, por meio de nossa sexualidade, pode ser um dom de consagração e um ato de adoração e culto a Deus. Nós, livremente, orientamos todo esse dom e dinamismo sexual a Deus, em holocausto para amá-lo "de todo o nosso coração". Saímos de nós mesmos e amamos ao nosso próximo, orientando nossa sexualidade e serviços como um dom livre para eles. Não podemos amar sem nossa sexualidade e sem oferecer esse dom livremente a Deus e ao próximo. O voto de castidade é um ato positivo de amor, adoração e culto. Sexualidade e genitalidade são bonitas e lindas se forem entendidas assim. Precisamos redescobrir essa beleza do voto da castidade para ajudar em nossa vivência desse voto.

Portanto, não precisamos sentir vergonha de falar com Deus na oração sobre nossa sexualidade. Não devemos esconder de Deus nossos desejos sexuais e tendências sexuais. Como é difícil falar com Deus positivamente sobre nossa sexualidade por causa de nossa formação. Como é difícil sentir-se bem na presença de Deus com todos os sinais, positivos e negativos, de nossa sexualidade. Como é difícil ser o que somos: seres sexuados pela graça de Deus. Mas nossa libertação está exatamente nisto: sentir-se bem diante do Criador com nossa sexualidade, e, especialmente com nossa genitalidade, e falar abertamente com Deus sobre suas manifestações em nós. Experimente isso na oração. Vamos nos descobrir e alegrar-nos no plano original do Pai: *"estavam nus e não sentiram vergonha"*.

Incluído nessa reflexão está o assumir tudo em nossa história que ainda não nos deixa amar de uma maneira sexuada, integrada e holística. Aqui inclui todo um processo de conversão para eliminar os desvios e desequilíbrios em nossa sexualidade, genitalidade e personalidade. Precisamos primeiro acolher o fato que nem tudo que está dentro de nós foi de nosso querer. Há coisas que herdamos de nossos pais, catequistas, formadores e pregadores da Palavra de Deus que encheram nossa cabeça e coração com medo e com uma visão distorcida do sexo. Houve possivelmente experiências sexuais que foram forçadas em nós contra nossa vontade, ou que aconteceram por ignorância de nossa parte. Não houve pecado em nossa parte nesses acontecimentos, mas normalmente numa releitura do acontecimento, colocamos toda a culpa em cima de nós mesmos e achamos tanta dificuldade em esquecer esses acontecimentos. Sentimo-nos "sujos/as" por coisas das quais, de fato, não tivemos culpa alguma. Agora, porém, essas experiências fazem parte integral de nosso ser sexuado e de nossa personalidade. Com calma precisamos colocar nossa esperança onde a dor está e entrar no processo de superar esses obstáculos na arte de amar. O processo começa com autoperdão, perdão dos outros e descobrir como esse acontecimento difícil de nosso passado pode fazer-nos mais humanos e santos.

É outra questão quando cultivamos *por opção* um desvio em nossa sexualidade e em nossa opção da castidade. A responsabilidade, então, está conosco. Somos nós que buscamos coisas que distorceram a beleza desse dom de nossa sexualidade. E o caminho de libertação é entrar na conversão tentando eliminar atos conscientes e desejados que atrapalham nossa capacidade de amar de verdade. É assumir com paz que toda conversão é um processo lento e doloroso, mas também um processo que termina em libertação e numa profunda integração de nossa sexualidade dentro do contexto de nossa consagração. Tudo pertence a Deus e isso inclui nossa sexualidade como dom, culto e adoração a Ele. Devolvemos a Deus o que recebemos de Deus na forma de oferta alegre e generosa. Quando houve desvios livremente procurados, leva tempo para que esse dom seja transformado num dom sincero e generoso a Deus. A resposta concreta de amor é assumir o processo que leva à libertação. Deus quer libertar-nos de tudo isso.

## 4. Alguns obstáculos na vivência da castidade

### a) Processo de maturação

Todo ser humano, no processo de tornar-se um adulto responsável, experimenta uma realidade dolorosa. Há em nós duas forças psíquicas que infelizmente brigam entre si.[55] Uma força é receptiva ("dê-me") que é característica de uma criança, porque recebe tudo dos outros. A outra força psíquica é oblativa ("doar-me"), que é característica de um adulto, porque é capaz de entrar na renúncia de si mesmo e doar-se aos outros. Durante a vida toda precisamos lutar com essas duas forças contrárias dentro de nós, porque tocam diretamente em nossa sexualidade, opção fundamental e claramente na prática do voto de castidade. Por profissão religiosa, prometemos a Deus e à sua Igreja que pelo voto de castidade vamos viver a força oblativa *na predominância em nossas opções e ações*. E descobrimos logo que muitas vezes optamos por viver a força receptiva e nos fechamos em

---

[55] KEARNS, Lourenço, *A Teologia da Vida Consagrada*, op. cit., p. 166-169.

nosso egoísmo, exigindo que somente recebêssemos sem a responsabilidade de doar-nos na castidade. Optamos por ficar na infantilidade. Como dói essa realidade em nossa vida consagrada.

O egoísmo é uma força muito forte em todos nós. Ninguém escapa dessa força em nossa humanidade limitada. Às vezes, recusamo-nos a sair de nós mesmos para poder satisfazer nosso autoamor ou optamos por favorecer algum prazer, ao invés de amar ao outro/a, seja Deus, seja nosso próximo. Nossos prazeres, de repente, são mais importantes que Deus e nosso próximo, que prometemos amar radicalmente pelo voto de castidade. Isso pode acontecer em qualquer momento de nossa vida consagrada, mas é mais evidente nos contextos comunitários e apostólicos. Optamos por colocar "o outro/a" em segundo lugar de importância em nossa castidade, e colocamos nosso "eu" no lugar central de nossa capacidade para amar. Entramos no bloco de gelo, onde o amor não sai, e ficamos somente na receptiva de autoamor. Nós mesmos ficamos no lugar central de nosso amor. É uma forma de idolatria. Isso é um ato claro de incoerência na prática de nossa castidade. São Paulo experimentou essa realidade em si mesmo:

*"Sabemos que a lei é espiritual, mas eu sou humano e fraco, vendido como escravo ao pecado. Não consigo entender nem mesmo o que eu faço; pois não faço aquilo que eu quero, mas aquilo que detesto"* (Rm 7,14-15).

Maturação é um processo necessário para podermos viver a castidade, porque exige *opções e renúncias concre-*

*tas* de nós mesmos em favor dos outros. Mais uma vez, o confronto com nossas motivações é nosso mais seguro caminho para a libertação nessa questão de maturação. Quem quer crescer na maturação e, consequentemente, na castidade, seria necessário entrar dentro de si mesmo em silêncio para examinar qual é sua motivação nesta ou naquela situação concreta na vida. O que predomina: uma motivação receptiva (egoísmo) ou oblativa (castidade) em nossas opções? Se tivermos a coragem para nos confrontar a respeito de nossas motivações, cresceremos imensamente na prática da castidade. Sem medo e sem fingimento podemos descobrir que nossa motivação evangélica pode ser somente receptiva e egocêntrica. Assim, nunca podemos chegar até uma alegria evangélica em nossa castidade. Mas, *podemos orientar e mudar nossa motivação egocêntrica para uma motivação oblativa de doação de nós mesmos*. Isso é conversão no voto de castidade. Com esse confronto pacífico, não podemos nos enganar sobre nossa opção mais fundamental para amar a Deus e nossos irmãos/as, que exige um sair de nós mesmos para sermos oblativos/as.

A verdade é que muitas vezes nossa motivação é uma mistura fina entre a receptiva (egoísmo) e a oblativa (castidade). É por isso que nossa motivação nunca é cem por centro pura e oblativa. Nossa fraqueza humana não permite que seja perfeita. Mas uma dessas duas motivações conflitantes e básicas predomina em nossas opções e é isso que precisamos descobrir para chegar até à libertação evangélica e à maturação. E, se descobrimos que a receptiva predomina, então, é o momento da verdade e de conversão que pode mudar radicalmente nossa motivação e nossa maneira de viver a castidade. É o momento de viver a virtude da castidade, que somente pode acontecer quando livremente mudamos nossa motivação e opção da receptiva para a oblativa, a fim de poder amar e servir ao outro: Deus e nosso próximo. E é isso que me realiza em minha castidade. Essa possibilidade de mudar minha motivação de egoísmo para o que mais agradaria a Deus é viver na pele a prática da castidade. Livremente troco o "eu" pelo "outro". Não somos condenados a viver somente na receptiva. Pela virtude da castidade, somos capazes de viver essa castidade na liberdade. A opção livre é nossa. Somos donos de nossas opções.

### b) A necessidade de formação

O processo de maturação exige uma ajuda formativa. O processo não acontece sem formação inicial e permanente. Talvez mais do que nunca nesta idade moderna haja necessidade de formação, porque a sociedade está ficando cada vez mais virada para si mesma e optando por uma tendência predominante na tendência receptiva. É uma opção muito egocêntrica e já tem entrado em nossos conventos como uma manifestação destrutiva. Só buscar a receptiva faz parte importante da própria tendência do hedonismo. Essa tendência destrói notavelmente a possibilidade de viver na liberdade a fraternidade e a castidade.

Precisamos aprender a colocar em prática o significado evangélico de liberdade. Liberdade não significa fazer tudo o que queremos. Isso seria libertinagem. Infelizmente, porém, esse é o significado de liberdade no mundo de hoje e até em nossos conventos. Cada um determina sua própria moralidade e faz o que quer. Liberdade, no sentido cristão, é a capacidade de escolher em favor do outro que, às vezes, exige de nossa parte uma renúncia e uma doação de nós mesmos. A vida em comunidade e o exercício do apostolado automaticamente nos colocam nessa situação onde diariamente precisamos fazer opções em favor do outro/a como uma manifestação da nossa castidade. Todos nós já experimentamos essas situações. No papel esse assunto fica tão evidente e tão fácil de entender, mas na prática não é nada fácil vivê-lo. O egoísmo e a tendência receptiva são fortes em cada religioso/a. A consagração não nos livra automaticamente dessas tendências, para optar pelo "eu" e a "receptiva", ao invés do "outro". E como é tão fácil justificar nossas necessidades egocêntricas, como desculpas para não atendermos às necessidades dos outros, especialmente quando exige uma renúncia de nossa parte. O mais difícil nesse processo de maturação não é tanto renunciar a algo negativo, mas sim renunciar a coisas boas. São Paulo descreve esta situação perfeitamente:

*"Não são os alimentos que nos aproximam de Deus. Se deixarmos de comer, nada perdemos; e se comemos, nada lucramos. Cuidem, porém, que a liberdade de vocês não se torne ocasião de queda para os fracos. Ora, se um alimento for motivo de queda para meu irmão, **para sempre eu deixarei de comer carne**, a fim de não causar a queda do meu irmão"* (1Cor 8,7-12).

Paulo explica nesse trecho a questão da liberdade dos cristãos diante das comidas proibidas pela lei judaica, ou pelas ofertas de carne aos ídolos entre os gentios. Desde nossa libertação, que ganhamos por Cristo, não existem mais comidas proibidas. Mas, Paulo descreve uma situação onde a fé de todos não é igualmente forte e, facilmente, podemos escandalizar alguém comendo o que na mente deles é proibido. Mas, por meio da liberdade ganhada por Cristo, nós temos *o direito* de comer tal comida. E São Paulo claramente declara que *a lei da caridade é uma maior manifestação de nossa liberdade*, ou, podemos dizer, de nossa maturação e castidade por meio de uma opção oblativa. São Paulo explica que nenhuma comida para ele é má. Ele vai comer de tudo sem sentir que está quebrando a velha "lei mosaica" que foi central em sua formação como um fariseu (Fl 3,3-6). Paulo esclarece que se ele estiver com gentios e eles servem porco, proibido pela lei mosaica, ele vai "mandar brasa" e comer com gosto. Mas, se haja qualquer pessoa "fraca" presente, por exemplo, um judeu não convertido que sabe que Paulo era um fariseu, Paulo para sempre deixará "de comer carne proibida", a fim de "não causar a queda do meu irmão". Isso então é uma descrição da liberdade cristã. A capacidade e a vontade livre de renunciar a algo bom para poder amar ao meu irmão/a fraco na fé. A capacidade de livremente e alegremente renunciar-se para não causar escândalo na vida do outro é liberdade e é castidade. *Renunciar para poder amar* tem de ser a motivação da renúncia. Isso é liberdade no processo de maturação. Isso é castidade praticada na vida.

Não precisamos ilustrar as mil maneiras como somos confrontados/as com essa realidade na vida comunitária e apostólica. Nossa vida de castidade leva-nos a negar a tendência receptiva e infantil em nossa personalidade, para acolher a oblativa durante o dia todo. Não é fácil viver essa atitude e essa virtude numa maneira constante e consciente. Mas a castidade é essencial para se viver na autenticidade. Somente sendo abertos/as à graça de Deus, Ele daria para nós esse dom e essa profecia. Somos convidados/as a renunciar na castidade até às coisas boas em favor de nossos irmãos/ãs. Mas, a castidade, neste sentido precisa ser livre e alegre, e nunca forçada. Se for forçada, então não é caridade, nem castidade. Mais uma vez, essa renúncia livre e generosa toca profundamente em nossas motivações e em nossa maturação psicológica. É a ascese da "esmola" descrita no sermão do monte:

*"Por isso, quando você der esmola, não mande tocar trombeta na frente, como fazem os hipócritas nas sinagogas e nas ruas, para serem elogiados pelos homens. Eu garanto a vocês: eles já receberam a recompensa. Ao contrário, quando você der uma esmola, que a sua mão esquerda não saiba o que a sua mão direita faz, para que a sua esmola fique escondida: e seu Pai que vê o escondido, recompensará você"* (Mt 6,2-4).

Esmola, nesse sentido, podemos traduzir como uma opção oblativa na castidade. Essa opção para negar-se em favor dos outros deve ser mantida "em segredo" entre você e Deus para realmente ser autêntica e evangélica.

Sinto que esse aspecto da castidade precisa ser refundado. Nossa vivência comunitária tornou-se em alguns aspectos muito individualista e funcional. Vivemos juntos/as, comemos juntos/as e ponto. Logo cada um/a vai para seu canto. Parece que não nos preocupamos mais com a situação holística dos outros membros da comunidade. Caímos nos princípios da modernidade que frisa o "eu" demais e esquecemos da caridade e o ato de livre doação de si mesmo/a. O maior desafio da castidade talvez seja o serviço aos nossos próprios coirmãos/ãs em comunidade. Precisamos muito mais uma atitude oblativa em nossos relacionamentos humanos com todos/as e, especialmente, com nossos idosos/as, que não podem devolver-nos sempre uma recompensa por nossa doação oblativa.

### c) Confronto com nossos sentimentos como um indicador de nossa maturação e de uma sexualidade sadia

Um sinal de maturação é a capacidade de fazer uma leitura calma e realista das coisas cotidianas de nossas vidas. Quando temos controle dessa parte de nossa sexualidade, há paz interior, embora possamos passar por circunstâncias difíceis. O problema na maturação, nesse sentido, é quando fazemos uma leitura de vida que nos leva para certos exageros. Se nossa orientação seja predominante receptiva e egocêntrica, seria quase impossível fazer uma leitura normal da vida e dos sinais da afetividade que nos cercam. Assim, nossa leitura de vida fica exagerada. Exagero no sentir-se magoado/a;

exagero quando exigimos da comunidade e do povo de Deus sinais extraordinários de sua afeição; exagero sobre coisas que aconteceram no passado dos quais não somos capazes de largar ou de esquecer. Exagero no sentir-se usado/a pelos outros e, por isso, anda triste e fechado/a. Exagero na oração exigindo sempre ser amado por Deus, mas há pouco amor verdadeiro dado a Deus e ao próximo de nossa parte. Exagero em tudo isso é sinal de imaturidade em nosso processo de maturação.

Muitos de nós fomos formados para não nos confrontar com nossos sentimentos. Confundimos nossos sentimentos com a verdade que nem sempre são a mesma coisa. Mas, sem o confronto com os nossos sentimentos, não há crescimento humano-sexual. Não temos controle sobre nossos sentimentos e, por isso, não há moralidade em nossos sentimentos. Eles simplesmente existem dentro de nós. Mas o que fazemos com nossos sentimentos coloca-nos dentro da realidade da moralidade cristã. Por exemplo, não podemos evitar os sentimentos de mágoa ou de raiva. Existem em nós. Algo aconteceu que nos causou esses sentimentos negativos. Mas, sem confronto, essa mágoa vai começar a crescer e nos levará a atitudes não cristãs, como fechamento, tristeza prolongada, depressão, crítica crônica de tudo e de todos, e a resistência a perdoar quem causou essa mágoa em nós. Agora não é só sentimento porque entrou na esfera da moralidade cristã. Nosso sentimento nos levou a fazer uma opção para "eu" e a receptiva que causarão dano em nós mesmos e nos outros.

Sem confronto com nossos sentimentos, há o perigo de exagero. Quando começamos a remover nossos sentimentos negativos acontece o que gosto de chamar do "problema do quilo". A verdade é que algo de fato aconteceu para causar esse sentimento em nós. Não podemos negar essa verdade. Mas a verdade é que este acontecimento somente pesa, vamos dizer, um quilo. Entretanto, quando começamos a remoer essa verdade, entramos no exagero e aumentamos quilos *que não são verdades*. De repente, o que era um quilo (a verdade) pesa agora 50 quilos (uma mentira) devido ao nosso exagero. Os quarenta e nove quilos restantes não são a verdade porque inventamos esses acréscimos. E, pior, começamos a acreditar que esses acréscimos são a verdade. Mas, é o exagero que causa em nós fechamento, uma atitude assumida de não perdoar, de crítica etc. Somente entrando em "meu coração", no silêncio e com a ajuda do Espírito Santo, é que vamos descobrir a verdade que nos libertará. Vamos ser convidados pelo Espírito Santo a deixar a falsidade inventada pelo exagero (os acréscimos) para acolher de novo em todo o nosso ser sexual a verdade. Mas, isso vai exigir que deixemos todos os exageros que nos levaram a uma atitude somente receptiva, a fim de passar em castidade para uma atitude oblativa que exige um processo casto de perdoar os outros. Henri Nouwen faz um bom resumo de tudo isso dizendo:

"Mas compreender as nossas feridas não basta. Ao fim, temos de encontrar a liberdade para passar por cima das nossas feridas e a coragem para perdoar aos que nos feriram. O verdadeiro perigo está em ficarmos paralisados pela raiva e pelo ressentimento. Então começaremos a viver com o complexo do 'ferido', queixando-nos sempre de que a vida não é 'justa'. Jesus veio livrar-nos dessas queixas autodestrutivas. Diz ele: 'Põe de lado as tuas queixas, perdoa aos que te amaram mal, passa por cima da sensação que tens de seres rejeitado e ganha coragem para acreditar que não cairás no abismo do nada, mas no abraço seguro de Deus cujo amor curará todas as tuas feridas'."[56]

## d) Necessidade de autoestima como parte essencial de nossa sexualidade

Aceitar-se a si mesmo/a como realmente é faz parte essencial de nossa sexualidade. Sem autoestima não há aceitação de si mesmo/a e isso afeta notavelmente a integração de nossa sexualidade. A façanha da autoaceitação é uma das coisas mais difíceis de se realizar em nossa personalidade. A maioria de nós, por causa de nossa formação humano-afetivo-sexual, acha dificuldade em assumir nossa totalidade. Somos, de fato, uma mistura fina entre dons, talentos fantásticos, e limitações psicológicas, intelectuais e físicas. Gostaríamos que fossemos compostos somente de coisas boas, mas esse ser humano não existe. Precisamos acolher o "pacote" todo. Perfeccionismo não existe na vida real.

Estou cada vez mais convencido de que a autoaceitação começa professando um grande ato de fé. E esse ato de fé consiste em nos enxergar a nós mesmos sob a

---

[56] Nouwen, op. cit., p. 40.

ótica de Deus (amor incondicional) e não pela imagem distorcida que criamos de nós mesmos. Uma grande maioria de religiosos/as sofre do complexo de inferioridade. Há uma tendência terrível para desprezar a nós mesmos/as que antigamente foi apresentada como uma virtude. Mas essa atitude leva-nos à autocondenação que, consequentemente, impossibilita o ato de fé no amor incondicional de Deus. Carregamos muitos sentimentos negativos sobre nós mesmos, sejam eles conscientes ou inconscientes. Eles nos levam à prática de autopiedade ("coitado de mim!") que, por sua vez, leva-nos a uma estagnação na vida. Ficamos parados no tempo, porque não acreditamos em nós mesmos. Cria-se uma porção de justificações para ficarmos plantados nessa autopiedade, ao invés de procurar meios para sair da "fossa". Há mágoas e feridas nunca resolvidas dentro de nós. Há sentimentos de rejeição. Há experiências de não sermos apreciados/as pelos outros membros da comunidade ou do povo no apostolado. Há desânimo, decepção e até depressão diante dessas falsas imagens que criamos de nós mesmos. *Em tudo isso, nós somos nossos piores inimigos.* Ao invés de assumir nossa vida e não concentrar somente em nossas limitações, há uma tendência para tentar esconder nossas limitações por meio do jogo e da defesa de colocar toda a culpa nos outros/as, e alguns religiosos/as até culpam Deus por tudo estar errado em suas vidas. Colocando a culpa nos outros/as livramo-nos de qualquer responsabilidade. É mais fácil assim, mas no processo ficamos eternamente infantis. Ficamos somente na receptiva no processo de nossa maturação responsável.

Sepultamos nossos dons e talentos por medo de não sermos aceitos pelos outros/as na comunidade ou no apostolado. Voltamos para a segurança irreal do "útero" e matamos nossos dons e talentos. O medo reina onde a liberdade deve reinar.

Precisamos de cura interior. A cura começa em acolher o verdadeiro Deus em nossa oração que nos ama com um amor incondicional. "Deus nos ama como somos", escutamos essa frase mil vezes em nossa formação, mas não traduzimos essa crença em vida, porque parece que temos medo de acolher um amor gratuito. Fomos formados/as desde o ambiente familiar a merecer e ganhar manifestações de amor e de afeição dos outros. Bloqueamos esse amor incondicional de Deus, colocando condições nossas sobre o amor de nosso Deus. E uma das piores condições que exigimos para acolher o amor de Deus é o perfeccionismo. Quer dizer, que Deus somente pode amar-nos quando somos perfeitos/as. A fé é uma atitude constante que envolve todo o nosso ser. O amor de Deus não vem por merecimento, e sim, por graça. Não podemos merecer o amor de Deus. Ele nos ama sem condições, porque nos quer bem, e seu amor é fiel. E se deixarmos que Ele nos ame, seu amor nos transforma, e começamos a viver a autoaceitação que nos faz capazes de sermos seres sexuados e sadios, capazes de amar não só aos outros/as, mas a nós mesmos. *"Ame ao seu próximo **como a si mesmo**"* foi o segundo grande mandamento de Cristo (Mc 12,31). Somente podemos amar aos outros quando amamos a nós mesmos. Tudo começa lá. A fé começa no acolhimento do amor de Deus a nossas pessoas como graça. A castidade começa em casa com a autoaceitação de nós mesmos/as com nossa mistura fina de coisas boas e limitações e até pecados.

Essa autoaceitação começa na oração íntima e sexuada com Deus. Precisamos dar espaço na oração para que Deus possa amar-nos como Ele tanto quer. Precisamos perceber os sinais de autocondenação que paralisam a possibilidade de acolher o amor gratuito de Deus. Ficamos na desconfiança porque não merecemos seu amor porque somos "ruins". Precisamos da fé para deixar essa imagem falsa de lado. Deixar que Deus fique no meio da oração. Dar licença para que Deus seja Deus conosco. Deus é amor. E Deus tem uma imagem diferente de nosso ser que precisamos descobrir, experimentar e apreciar na fé. Precisamos deixar que Deus seja conosco o que Ele é: uma pessoa cheia de ternura, bondade, misericórdia e afeição.

*"Eu criei você; eu formei você. Não tenha medo, porque eu o(a) redimi e o(a) chamei pelo nome: você é meu ( minha)... Porque você é precioso(a) para mim, é digno(a) de estima e eu o(a) amo; dou homens em troca de você, e povos em troca de sua vida. Não tenho medo, pois eu estou com você"* (Is 43,1-6).

Autoestima significa também que somos capazes de acolher nossos dons, talentos e carismas particulares. Sentindo-nos amados/as por Deus, podemos então começar a perceber que Deus criou uma porção de dons dentro de nós que refletem o próprio Criador. Muitos desses dons estão adormecidos ou presos dentro de nós por medo de arriscar na vida. Sentindo-nos amados/as por Deus, começamos a criar coragem para sair de nosso profundo fechamento e começar a praticar, mostrar esses dons sem medo. Não precisamos provar nada para ninguém. Mas, é exatamente aqui onde a virtude de nossa castidade deve entrar. Esses dons foram dados para *partilhar e doar num ato sexuado aos necessitados*, ao meu redor na comunidade e no apostolado. *"Vocês receberam de graça, dêem também de graça"* (Mt 10,8). A vida é uma aventura. A castidade é uma aventura. Vamos tentar acolher e viver esse amor incondicional de Deus e sair de nós mesmos para doar tudo que somos aos outros na castidade. Só assim seremos alegres (Jo 13,17).

### e) Um coração "torto"

Já vimos que por causa da falta de uma educação sexual e a falta de afeição normal, por meio do carinho da parte de nossos pais ou daqueles que nos cuidaram quando crianças, nosso coração e nossa capacidade para amar e ser amado ficaram um pouco distorcidos. Nossa imagem de sexo e de sexualidade tornou-se negativa, taxando-os como algo "sujo" e "feio". Por isso, não aprendemos a lidar com a questão da sexualidade e da afeição de maneira normal. Como podemos resolver esse problema e endireitar nosso coração?

Primeiro, penso que a contemplação das razões teológicas sobre a castidade pode ajudar-nos muito a mudar essa imagem negativa de nossa sexualidade em geral, e nossa genitalidade em particular. Acolhendo a sexualidade como um dom de Deus, como a capacidade de amar e de criar vida, nossa sexualidade e genitalidade se tornarão criações tão bonitas e positivas quanto "feitos à imagem de Deus". Mais uma vez, o caminho de cura é um confronto com a verdade que liberta. Quando começamos a pensar negativamente sobre nossa sexualidade, precisamos parar e nos confrontar com essa atitude negativa e orientar nossos pensamentos para contemplar a sexualidade positivamente como um dom de Deus. Somos donos de nós mesmos e o passado não precisa mais controlar nossas vidas. Somos capazes de superar o passado. Precisamos sentir-nos em paz com nossa sexualidade diante de Deus. Nunca precisamos sentir vergonha de nossa sexualidade quando estamos na presença de Deus. Ele criou nossa sexualidade para nos fazer mais felizes, humanos e "divinos", feitos à sua imagem. Precisamos pedir pelo dom da fé para acolher essa orientação positiva e evangélica na alegria. *Nossa sexualidade é nosso amigo e não nosso inimigo.* A sexualidade nos faz mais masculinos ou femininas e capazes de mostrar qualidades humanas.

Segundo, precisamos de uma reeducação sobre sexualidade. Quando aprendemos sobre sexo "na rua", uma imagem hedonista, egoísta e infantil ficou estampada em nosso coração. Não criamos esta situação: foi dado a nós, e não somos responsáveis em grande parte por essa realidade agonizante. Mas a verdade é que certos desequilíbrios ficaram enraizados em nós. Precisamos primeiro aprender a acolher e falar com naturalidade sobre nossa sexualidade. Precisamos aprender que a sexualidade não se reduz à genitalidade, mas que sexualidade é algo mais amplo e, que, por sua vez, faz parte essencial de nossa vida e personalidade. Precisamos ler e aprender mais sobre os aspectos psicológicos de nossa sexualidade à luz do Evangelho, que podem libertar-nos de muitos "tabus" que foram gravados em nosso coração. A psicologia pode nos mostrar o porquê de certas reações negativas dentro de nós e diante de questões sobre sexualidade. O Evangelho, e especialmente, a contemplação de Cristo humano, sexuado e casto, podem nos mostrar o caminho para a libertação.

Precisamos também apreciar e cuidar de nossa sexualidade por meio de consultas médicas, anualmente, para entendermos o que está acontecendo e por que há mudanças acontecendo dentro de nossos corpos sexuados. Precisamos conhecer e acolher os estágios físicos e progressivos de nossa sexualidade como a menopausa e a andropausa.[57]

Finalmente, precisamos sarar as feridas que herdamos sobre nossa sexualidade e isso somente pode acontecer por meio de um processo de perdão. Esse perdão deve ser realista e generoso de pessoas vivas ou falecidas que nos marcaram negativamente nessa área sexual ou afetiva. Nossos pais e outros que nos marcaram negativamente em nossa visão de sexualidade precisam de nosso perdão, porque a maioria dos danos foi causada por causa de *ignorância* e não com a intenção de nos machucar.

As estatísticas sociológicas sobre o abuso sexual dentro do contexto da família e do lar são chocantes.

---

[57] Vários autores, *A Segunda Idade da Vida Religiosa*, Rio de Janeiro, Publicações CRB, 1995, p. 25-44. Essa publicação pode ajudar os religiosos/as a acolherem melhor toda a sua sexualidade.

Pai, mãe, tios/as, ou irmãos/ãs, abusaram sexualmente de suas parentas meninas ou adolescentes. Essa realidade é mais comum do que queremos admitir. Esse fato inclui também a história de abusos homossexuais de meninos e adolescentes. Nesses casos de abuso sexual, o processo de perdão será sempre mais longo e doloroso, mas a graça de Deus está conosco se pedirmos pelo perdão. Juntamente com essa necessidade de perdoar há a necessidade de aprender a ficar diante de Deus na tranquilidade e sem culpa, e não como alguém "sujo/a", mas como filho/a amado de Deus. Esse processo é o primeiro passo na libertação e no perdão. Deus não nos julga culpados/as desses acontecimentos sobre quais nem tivemos culpa. A cura interior começa com o autoperdão que desemboca no perdão ao outro/a, que fez essa injustiça sexual a nossa pessoa e que nos deixou com um coração "torto". Pode ser que alguém nessa situação de abuso sexual necessite de uma ajuda extra como orientação espiritual ou um acompanhamento psicológico para superar seu bloqueio. É importante buscar essas ajudas sem medo e sem sentir--se perdido/a. Saiba que há muitos bons religiosos/as que viveram a mesma situação de abuso sexual e hoje estão curados/as e profeticamente alegres em sua castidade.

Outra questão na integração de nossa sexualidade é aquela da afeição por meio do carinho. Grande parte de religiosos/as sofreu com a ausência de afeição e de carinho dentro da família ou na vida comunitária. Acho que precisamos resolver essa questão em dois níveis: no nível espiritual e no nível de confronto com nós mesmos. A parte espiritual, segundo os grandes mestres/as da espiritualidade, é a necessidade de levar as mágoas e faltas de afeição para Cristo na oração. Temos o direito, sendo amigos/as íntimos, de apresentar nossos sofrimentos desse tipo a Cristo. Literalmente podemos "chorar nossas mágoas" diante de Cristo. Ele é um amigo fantástico que nos dá oportunidade de desabafar nossos sofrimentos. Conforta-nos com sua afeição e ternura de uma maneira adulta e tranquila. Desafia-nos a sair de nossas mágoas e fechamentos. Em um momento de nossa oração precisamos perguntar a Jesus: "Jesus, o que você quer que eu faça com esses sentimentos e sofrimentos?" É a oração mais autêntica e difícil a fazer na vivência da obediência. E Jesus com mansidão leva-nos a acolher uma atitude de castidade que inclui necessariamente o perdão para aqueles/as que causaram esse sofrimento sexual, ou rejeição em nossa vida. Somente isso pode libertar-nos de nosso fechamento e mágoas e restaurar uma sexualidade sadia em nossa castidade.

Outra realidade sobre a afeição sadia é a coragem de admitir que dentro de nós, possivelmente, não estamos lendo corretamente os sinais da vida diária. O problema está em nós, por causa da falta de afeição no passado ou no presente. Sem sinais normais de afeição, que são essenciais em nossa sexualidade, ficamos tristes e fechamo-nos em nós mesmos. Esse fechamento impossibilita uma leitura normal de vida com os sinais normais de afeição que nos cercam. A tristeza fecha nossos olhos e nosso coração para reconhecer e acolher os sinais normais de afeição. Por isso, nesse estado de tristeza, entramos no exagero.

Exagero de nossa situação de tristeza e exagero no sentido que exigimos sinais extraordinários de afeição de nossos coirmãos/ãs e do povo de Deus que, infelizmente, não vêm normalmente. É uma tendência para exagerar nossa força receptiva em nós ("eu") ao invés da oblativa ("o outro"). É a atitude de só querer receber, e a recusa de sair de nós para doar-nos. Isso intensifica grandemente a tristeza em que fechamos as portas de nosso coração e começamos a viver uma atitude contra a castidade. Ficamos aprisionados em nós mesmos e em nossos exageros e tristezas. Por isso, quando a tristeza vem, busquemos o confronto que liberta, e quanto mais cedo, melhor. Tenhamos a coragem de anotar atitudes de exagero em nossa vida de afetividade. Conhecer e admitir que a culpa está em nós já é cinquenta por cento do caminho de libertação.

Mais uma vez, esse confronto inicia-se com a oração aberta, colocando nossa tristeza diante de Deus. Deixando que Cristo questione nosso fechamento e nossa falta de atenção aos sinais de afeição divina e humana que nos cercam. Cristo vem tirar o exagero para que podemos enxergar de novo com clareza nossa realidade. Nós somos amados/as no presente e não podemos viver no passado. Isso é uma experiência de grande libertação, mas exige de nós uma abertura para deixar que Cristo, que bate na porta, entre com sua mansidão e compreensão, como também com seus desafios para sair da tristeza e fechamento, porque Ele nos ama e nunca nos abandona.

## f) Orientação sexual

A questão de orientação sexual é um assunto muito quente dentro e fora dos círculos religiosos. A questão basicamente é se uma pessoa com uma orientação homossexual pode ou não pode abraçar a vida consagrada ou sacerdotal. Podemos ler várias opiniões dramaticamente opostas em artigos sobre essa questão. Muitas vezes as argumentações a favor ou contra essa questão são mais emocionais e sem considerações científicas ou profissionais, do que uma busca séria de resolver a pergunta existencial. O tipo de artigo emocional sem pensamentos sérios baseados em estudos faz mais dano do que bem para as pessoas buscando uma resposta séria. Há também artigos e estudos que seriamente buscam dar uma opinião séria sobre essa questão, mas são poucos. Infelizmente, aqui no Brasil, a questão não é abertamente discutida como em outras partes do mundo e da Igreja. Parece que a homossexualidade continua sendo uma agenda escondida, em que todos reconhecem, especialmente formadores/as, que estamos diante de uma situação que precisa de orientação pensada e refletida. Não é somente uma questão vocacional, mas algo que é mais complexo, que inclui elementos psicológicos, antropológicos, morais e sociológicos. Sem dúvida, precisamos de um estudo sério com elementos e contribuições de todas as ciências humanas.

Uma coisa é certa, a Vida Religiosa está atraindo pessoas com uma orientação homossexual. Ninguém está negando isso, especialmente formadores/as que têm mais contato direto com essa realidade. Antes, esse "problema" foi escondido, tratado e resolvido simplesmente "expulsando" do sistema de formação a pessoa, homem ou mulher, que demonstrou qualquer sinal de homossexualidade. Essas pessoas simplesmente e categoricamente foram julgadas como pessoas que não "tiveram uma vocação para a vida consagrada". Aqui no Brasil, a vida religiosa, como um Instituto, não teve, em geral, a coragem de endereçar abertamente a questão com a ajuda de teólogos, moralistas, psicólogos, antropólogos e sociólogos. O mais cedo que nos livramos do "problema" continua sendo a orientação prática que formadores e superiores provinciais têm para nos guiar nessas circunstâncias. E no processo, possivelmente, fizemos muito mal para algumas pessoas que realmente tiveram uma vocação religiosa apesar dessa orientação sexual. Às vezes, interferimos numa vocação legítima que veio de Deus porque ficamos com medo das consequências, muitas vezes fictícias.

O que podemos dizer sobre esse assunto? Sinceramente não tenho respostas concretas e finais, mas gostaria de partilhar algumas ideias baseadas em artigos lidos de revistas e livros dos Estados Unidos que tratam do assunto muito mais abertamente, mas nem sempre profissionalmente. Acho que, primeiro, precisamos de mais estudos de nossos peritos religiosos sobre essa questão. A vida religiosa no Brasil tem uma vasta fonte de especialistas nas ciências humanas que poderiam estudar esse assunto juntando as forças de suas ciências interdisciplinares. A maioria dos religiosos/as, e especialmente os formadores/as, não possui esses recursos para fazer uma avaliação correta dos candidatos/as, porque faltam estudos e subsídios dessas ciências. A CRB pode promover um estudo interdisciplinar de nossos peritos religiosos/as para nos ajudar na seleção de nossos candidatos/as não só homossexuais, mas também heterossexuais. Precisamos de um estudo sério sobre esse assunto de homossexualidade sem preconceitos e julgamentos sem fundamentos. Os promotores vocacionais e os formadores/as, em todos os níveis de formação inicial, vivem esse dilema na pele e precisam desses subsídios.

Segundo, precisamos evitar a discriminação, colocando todos que possuem uma orientação homossexual em um grupo universal. Isso seria viver com preconceito. A orientação do Catecismo da Igreja Católica é sábia: "evitar-se-á para com eles (homossexuais) todo sinal de discriminação injusta".[58] Cada candidato/a, com orientação homossexual, precisa ser honestamente tratado como um indivíduo e como um filho/a de Deus. Cada caso é diferente. Eles passam pelos mesmos dramas emocionais e desejos sexuais que um heterossexual. Pe. Vacek, um professor de ética sexual, anota que religiosos/as ou sacerdotes, sejam heterossexuais, sejam homossexuais, não são pessoas assexuadas. Eles possuem igualmente desejos sexuais que podem e, às vezes, são desnorteados. Os consagrados com diferentes orientações sexuais, diante do projeto da vida celibatária, têm um dever e obrigação para não só acolher, mas também crescer em sua sexualidade. Alguns/as fazem isso mais

---

[58] *Catecismo da Igreja Católica*, São Paulo, Editora Loyola, 2000, n. 2359.

facilmente do que os outros/as. Uma meta do voto de castidade é a integridade sexual, e a integridade sexual se refere aos dois: homossexuais e heterossexuais.[59] A busca de um coração indiviso e a livre renúncia da abstinência de atos de genitalidade sexual referem-se tanto aos homossexuais quanto aos heterossexuais. A meta é a mesma, apesar da orientação sexual do religioso/a ou do candidato. Essa é a pergunta que precisamos discernir como formadores/as para todos os formandos/as: apesar de sua orientação sexual, heterossexual ou homossexual, se eles/as estão prontos e capazes para assumir uma vida celibatária na integridade.

Terceiro, é crucial para os candidatos/as à vida consagrada que assumam seu autoconhecimento e a aceitação de sua orientação sexual. É crucial que os formadores/as abertamente coloquem diante desses candidatos/as o que será exigido deles/as na vivência do voto de castidade. O ensinamento sobre a castidade, desde o começo da vida religiosa, foi entendido como a abstinência sexual completa e perpétua, livremente assumida como uma oferta a Deus. Irmã Schneiders indica que seria necessário ajudar candidatos/as homossexuais a discernir se são capazes de viver em comunidade e trabalhar em equipe tranquilamente com pessoas do mesmo sexo sem buscar a formação de comunidades paralelas e exclusivas, e sem a busca de relacionamentos genitais.[60] O próprio

---

[59] VACEK, Edward. *"Acting More Humanely: Accepting Gays into the Priesthood"*, America, 16 Dezembro 2002, p. 10-14.
[60] SCHNEIDERS, op. cit., p. 62-63.

candidato/a precisa ser ajudado a chegar tranquilamente até sua própria conclusão se pode ou não pode viver esse compromisso de abstinência sexual completa e perpétua na integridade.

Pessoalmente, se eu fosse perguntado se é possível que um homossexual pode assumir a vida consagrada, eu responderia na afirmativa, mas com alguns questionamentos. Afirmativa porque conheço alguns homossexuais e lésbicas religiosos/as por meio da orientação espiritual. Eles/as sofrem com sua homossexualidade com tentações e desejos exatamente como os heterossexuais. Todos/as que conheço não são "gays", isto é, os que defendem uma filosofia e uma moralidade que permitem e promovem qualquer união sexual entre homossexuais. Os homossexuais que conheço normalmente são confusos/as diante de sua própria orientação sexual. Mas são fiéis ao seu compromisso de castidade na integridade. Eles/as me tocaram com sua sinceridade, honestidade e zelo apostólico. Por isso, eu posso dizer "sim" para essa pergunta básica sobre a possibilidade de um homossexual assumir uma vida celibatária no contexto da consagração religiosa.

De outro lado, há alguns com uma orientação sexual para o homossexualidade que nunca vão poder assumir uma vida consagrada porque simplesmente não são capazes de assumir uma vida de abstinência sexual. Isso porque não são capazes devido ao fato que sua orientação homossexual é tão enraizada que não podem viver as exigências da castidade, ou simplesmente não querem viver a vida celibatária, porque não aceitam as renúncias necessárias. Sabemos recentemente em toda a impressa mundial que há também pessoas consagradas e sacerdotes que assumiram a vida celibatária, mas não foram capazes de serem fiéis, sejam homossexuais sejam heterossexuais. Casos de pedofilia, especialmente, causaram muitos escândalos na Igreja. Essa situação foi a causa de artigos não profissionais e não sérios sobre a impossibilidade de um homossexual assumir a vida religiosa ou sacerdotal. Talvez, se houvesse mais abertura sobre nossas orientações sexuais durante o tempo da formação, essas pessoas teriam saído antes que causassem algum dano ou escândalo aos outros. Os formadores/as precisam ser muito honestos com os candidatos/as sobre sua possibilidade de serem alegres ou não em uma vocação de castidade religiosa.

Diante dessa possibilidade, precisamos fazer alguns questionamentos. O primeiro seria se o candidato/a é capaz de viver essa vida celibatária e se ele já tem provado isso para si mesmo/a. Seria errado direcionar alguém para uma vida que não pode viver sem causar uma frustração total em sua vida e danos à sua personalidade. Se me perguntasse se um candidato/a homossexual ou heterossexual, que está envolvido ativamente na prática de sexo genital, pode fazer sua consagração, eu não teria grande medo de dizer "não". Acredito que essa pessoa precisa de ajuda, mas fora do ambiente da formação inicial e somente deve considerar a voltar à formação quando estiver em paz consigo mesmo, e vivendo a castidade por algum tempo. Só então deve considerar sua aceitação na vida celibatária. Também faria a mesma colocação para um candidato/a que está envolvido em relacionamentos genitais heterossexuais que quer assumir a vida consagrada. É difícil ficar escandalizado com minha idade, mas recentemente fui escandalizado duas vezes. Depois de um curso sobre teologia da vida consagrada, um noviço disse para mim que ele não aceitou minhas colocações sobre a teologia do voto de castidade. Sua motivação básica para entrar na vida consagrada foi somente para melhor aproveitar sexualmente das meninas. Ele não foi um homossexual, mas sua situação foi, para mim, pior e ele vai certamente causar escândalos na Igreja. Sua atitude nem é cristã. Não sei como ele chegou a ser um noviço. E o outro caso foi uma mulher casada que pediu conselhos meus, porque um recém-ordenado diácono religioso insistiu que ela tivesse relações sexuais com ele, convidando-a para ir a um motel. Mais uma vez, uma situação de escândalo na linha de heterossexualidade. Sua posição foi igualmente desorientada evangelicamente como uma pessoa praticando e tentando justificar atos homossexuais. Esse diácono religioso nunca devia ter chegado ao diaconato. Ele também vai causar muito dano para a Igreja e vai viver uma vida de profunda frustração interior. Ele já está vivendo uma vida dupla de falsidade. Estes dois casos me deixaram imensamente triste, porque a Igreja vai sofrer com essas atitudes profundamente egocêntricas e antitestemunhas do Evangelho, bem como a consagração religiosa.

Em resumo, a questão ainda está complicada e precisamos de mais orientação estudiosa dos peritos sobre a homossexualidade e a vida consagrada. Mas, por enquanto, sinto que os formadores/as precisam ser muito mais honestos/as com seus candidatos/as sobre sua orientação sexual e a maneira que ele/ela quer viver sua orientação sexual, seja ela homossexual ou heterossexual. Onde há sinais evidentes de distúrbios, desequilíbrios e uma tendência para práticas genitais devemos ser honestos com eles/as mostrando que, por enquanto, eles/as não são capazes de assumir uma vida celibatária, e convidá-los a livremente sair, buscando ajuda profissional e espiritual. A formação não é o lugar para resolver esse tipo de problema. Deve ser resolvida antes de entrar na formação inicial ou, ao menos, antes que for para o noviciado ou proclamar seus votos perpétuos.

## g) Amizade no contexto da castidade na vida consagrada

"A amizade verdadeira supõe e exige uma boa dose de maturidade humana, espiritual, psicológica e afetiva. Somente pode dar-se quem se possui a si próprio. O amor é dom, oblação, entrega pessoal... A amizade é amor recíproco e pessoal. Amor de benevolência que envolve no seu íntimo reciprocidade, dando-se unicamente entre pessoas... Existindo reciprocidade no amor, aparece a amizade."[61]

Segundo o velho modelo da castidade, a amizade não foi muito cultivada como um valor cristão. De fato,

---

[61] ALONSO, Severino, op. cit., p. 270-271.

a amizade foi considerada suspeita como um possível elemento negativo na castidade. A amizade foi limitada somente para Cristo, mas, numa maneira assexuada, intimista e, por isso, desumana.

Segundo o novo modelo da castidade, a amizade necessariamente faz parte essencial e humana desse voto. A grande maioria dos religiosos/as não são mais eremitas que vivem sozinhos. O eremita heroico é uma exceção hoje em dia. No início, a vida religiosa no Leste e, logo depois no Oeste, optou por um modelo de consagração religiosa em comunidade.[62] O religioso/a, de fato, vive em comunidades múltiplas. Vivemos hoje mais intimamente em comunidade com nossos coirmãos/ãs religiosos. Vivemos com amigos/as no apostolado. Fazemos amizades entre pessoas do mesmo e do outro sexo. A intercongregacionalidade trouxe com ela o fenômeno de grandes amizades entre membros de outras congregações. Amizade, então, faz parte da vida consagrada e celibatária, e amizade é uma necessidade para crescer normalmente em nossa sexualidade. O próprio Cristo encarnado e sexuado desenvolveu uma porção de amizades com pessoas dos dois sexos.

Amizade, portanto, não pode ser contra o conceito de castidade. De fato, a amizade enriquece a prática da castidade, tornando-a esta mais humana e até mais divina. Amizade reflete o amor e a comunhão entre as três pessoas da Trindade. O próprio Cristo encarnado precisava de amizades íntimas com homens e mulheres

---

[62] O'Murchu, op. cit., p. 119.

para viver plenamente sua castidade. Na última ceia, Cristo abertamente declara que os doze não são discípulos, nem empregados, mas sim *amigos*: "*Vocês são meus amigos*" (Jo 15,13). Cristo deixa bem claro que essa amizade foi baseada no amor recíproco: "Assim como o Pai me amou, eu também amei vocês: permanecem no meu amor. Se vocês obedecem aos meus mandamentos, permanecerão no meu amor" (Jo 15,9-10). A amizade é um amor recíproco; um amor de benevolência que procura o bem do outro/a.[63]

Vamos, então, ver algumas realidades sobre nossas amizades no contexto da castidade consagrada. A primeira verdade é que não existem amizades perfeitas. Quem procura por amizades perfeitas logo será desiludido e frustrado. Amizades oscilam entre momentos de crescimento e realização, e momentos de decepção e tristeza. Qualquer amizade precisa dar espaço para a possibilidade de experimentar a fraqueza humana no meio de um amor imperfeito. Foi exatamente o que Cristo experimentou com seu bom amigo Pedro. Em um momento Cristo chamou Pedro de "feliz" e "bem-aventurado" e no próximo momento o chamou de "Satanás" (Mt 16,13-23). Inconstância faz parte da amizade humana. A mistura fina de sentimentos entre alegria e decepção triste faz parte normal de qualquer amizade.

Pela experiência em orientação espiritual, sinto que muitos religiosos/as não entendem esse princípio e ficam desnorteados quando aparecem as imperfeições

---

[63] ALONSO, op. cit., p. 271.

humanas em si ou nos outros/as. Isso especialmente no contexto comunitário com seus co-irmãos/ãs. Diante do imperfeito e da decepção, a tendência é concluir imediatamente que o outro "não me ama" e preferem acabar com a amizade. Nada pode ser mais imaturo que chegar a essas conclusões. Diante das imperfeições, a verdadeira amizade está pronta para perdoar com generosidade e esperar pelo crescimento do outro/a sem exigir milagres dele. Precisamos acolher essa verdade com os dois pés no chão e tirar de nossa cabeça a ideia que existe uma amizade sem defeitos e sem ofensas. Somente assim uma amizade cristã pode crescer. Amizade exige um perdão mútuo diante de nossas fraquezas e até "setenta vezes sete vezes por dia" (Mt 18,21-35).

Um segundo princípio importante para entender a amizade é que ela causa intimidade. É todo um processo de mútua autorrevelação porque sentimos confiança nas pessoas. Mas, a intimidade automaticamente nos coloca diante de nossa sexualidade no sentido afetivo e até genital. Amizade exige que as pessoas demonstrem mutuamente sinais de afeição, que é uma parte normal de amizade e de sexualidade. E essa intimidade, queira ou não, acorda desejos de ir além da amizade intelectual, espiritual e humana para procurar sinais físicos de intimidade como toques e beijos. É um processo normal que conhecemos como namoro indo para o noivado e que termina no casamento.

Um religioso/a pode ter amizades que chegam até a intimidade com pessoas do mesmo ou do outro sexo. Essas amizades não têm nada contra a castidade. Há exemplos frequentes desse tipo entre nossos santos/as religiosos. Mas, pelo voto de castidade, essa intimidade precisa conhecer e assumir seus limites para ser profética, segundo os apelos teológicos de um coração indiviso e da razão mística que vimos no último capítulo. Nossas amizades podem chegar até a trocar sinais de afeição, mas, quando fica claro que estamos quebrando nossa aliança de amor exclusivo à pessoa de Cristo, então precisamos repensar e reexaminar o desenvolvimento dessa amizade. A meta é sempre amar a Deus de todo o nosso coração que exige a exclusão de qualquer desequilíbrio.

A solução aqui é uma questão de *honestidade comigo mesmo* que nem sempre é tão fácil conseguir. Especialmente diante das emoções fortes, é difícil ver a verdade que nos liberta. Somente a honestidade pode dar-nos força para redirecionar o desenvolvimento dessa amizade na virtude da castidade. Uma amizade no estágio de desequilíbrio pode ser um problema tríplice e cada desequilíbrio tem suas soluções diferentes.

**1)** *A primeira possibilidade é que o desequilíbrio está em mim e eu sou o dono/a do problema.* Sou eu que acordo numa manhã e percebo que estou apaixonado por alguém. Em seguida, começo a querer algo mais do que a amizade com essa pessoa. Quero ir além da amizade para sinais evidentes de namoro, e não uma simples amizade. O voto de castidade nunca prometeu que um dia eu não ficaria apaixonado/a por alguém. Esse fato não é errado em si e contra a castidade. Mas o que faço com essa situação afetiva toca diretamente no meu compromisso casto. A virtude do voto de castidade dirige-me para confrontar com essa situação e endireitar meu coração no meio do desequilíbrio afetivo-sexual. E a única solução nesse caso é a conversão. É um convite para olhar honestamente para meu coração já comprometido com Cristo, e me confrontar com esse compromisso que livremente assumi, como também a necessidade de confronto com minhas motivações. Preciso urgentemente de momentos de silêncio e de honestidade. Posso conseguir isso na oração pessoal, mas preciso de um tempo a mais para poder acolher e resolver essa situação. Talvez seja o momento oportuno para fazer um bom retiro e, melhor ainda, um retiro dirigido onde teria oportunidade para falar com Deus e com um orientador/a para descobrir a vontade de Deus em minha vida. O melhor caminho e a melhor solução é buscar *ajuda de outros* para discernir e buscar uma solução evangélica. Pode ser outros amigos/as que podem mostrar-me a verdade, que é difícil enxergar sozinho/a em uma turbulência emocional. Pode ser um orientador/a espiritual que vai ajudar-me honestamente a buscar a vontade do Pai nesse momento crítico de minha vida consagrada. Pode ser uma ajuda profissional, por meio de um bom psicólogo, que compreende minha vida consagrada e vai ajudar-me a ter coragem para acolher minhas verdadeiras motivações, buscando soluções concretas que somente eu mesmo posso assumir. O ponto é que preciso de ajuda nesse momento.

Infelizmente, por medo ou vergonha, ou porque sentimos uma fraqueza diante do desafio de precisar fazer uma decisão séria, optamos por ficar sozinhos com o problema até que nos encontramos muito emocionalmente envolvidos com essa outra pessoa. Temos medo de nos abrir com outros/as sobre o problema que estamos passando. Por isso, é necessário confiar na bondade dos outros e acreditar que eles podem e querem nos ajudar. Somente a fé pode levar-me a procurar essa ajuda, acreditando que Deus está no meio de tudo isso e nos ama. Deus é fiel ao seu consagrado/a casto.

**2)** *Segundo, o desequilíbrio afetivo-sexual pode ser somente com o outro/a, portanto, ele/a é o dono do problema.* Quer dizer que eu estou tranquilo/a no relacionamento da amizade com o outro/a quando, de repente, percebo sinais que esta pessoa está querendo mais do que amizade. O problema está com o outro membro dessa amizade. Ele/ela é o dono do problema. Percebo nessa pessoa sinais de enamoramento por meio da linguagem, da possessividade, quando de repente tenta mandar em minha vida, dizendo com quem posso e não posso falar ou ter amizade. Posso reconhecer a situação por meio de sinais de carinho e afetividade que não são necessárias numa amizade e que não existiram até então no processo normal de amizade e intimidade. A solução aqui é confronto direto e caridoso. Precisamos confrontar-nos com essa pessoa e esclarecer nossa opção de vida na consagração em geral e na castidade em particular. O confronto é necessário com leigos/as que talvez não entendam nosso compromisso de castidade, mas também com outros consagrados/as ou padres que deveriam saber melhor. Precisamos determinar o que consideramos limites entre amizade e namoro, e pedir respeito do outro/a diante de nossas limitações no voto de castidade. Esclarecer que queremos continuar com a amizade, mas que não aceitamos namoro porque estaria contra nosso compromisso com Cristo e com sua Igreja. As primeiras reações que frequentemente encontrei na orientação espiritual diante dessa situação foram uma forte hesitação e uma dolorosa resistência. Hesitação e resistência no sentido que "não quero ofender essa pessoa, por isso, não posso chegar ao confronto com ela". Mas, é exatamente uma ofensa ao outro/a quando cometemos uma omissão diante do confronto. Somos descaridosos porque facilitamos um sonho falso na pessoa ao invés de esclarecer a situação onde a pessoa já demonstrou suas intenções afetivo-sexuais. E aí enganamos a pessoa. *Somos nós os consagrados/as que precisamos esclarecer a situação.* Mais uma vez, precisamos abrir-nos com alguém que pode ajudar-nos a enxergar e assumir o que Deus quer de nós nessa situação. A finalidade e a meta são para descobrir a vontade do Pai diante de nosso compromisso da castidade. É muito difícil resolver esse problema sozinho/a ou somente falando com a outra pessoa envolvida emocionalmente no problema. Se a pessoa não respeita suas colocações, então, há necessidade de tomar soluções mais drásticas como limitar ou até cortar a amizade, até que a pessoa entenda sua posição e a respeite.

3) *A terceira possibilidade é quando os dois são apaixonados um pelo outro e há desequilíbrio da parte de ambos.* Os dois, então, são donos do problema. Essa é a situação mais difícil sem qualquer dúvida. Normalmente, as pessoas já estão num estágio de namoro e, possivelmente, até de intimidades sexuais. Vai ser difícil assumir

com honestidade suficiente para iniciar a superação desse estágio, mas a solução não é impossível. Sem qualquer dúvida, os dois envolvidos precisam de uma orientação de alguém que está fora de sua situação e *que pode ser objetivo e honesto com eles/as*. Há necessidade de retomar as prioridades de sua vida consagrada. Há necessidade de um bom retiro para colocar suas vidas em dia. Há necessidade de se abrir com seus superiores/as locais e provinciais sobre essa questão e pedir a ajuda deles/as. Precisam de momentos tranquilos de discernimento sobre sua vocação para a vida consagrada. Em suma, precisam da ajuda dos outros porque é quase impossível resolver esses problemas sozinhos. O grande erro no passado foi exatamente isso. Tentar resolver sozinhos o problema até o ponto que não houve retorno ou soluções e alternativas possíveis.

Em geral, o dia em que percebemos desequilíbrios no relacionamento humano-sexual, ou com nós mesmos, ou com o outro/a, ou com os dois envolvidos, então a solução está nessa dinâmica tríplice:

1) em primeiro lugar, buscar o que Deus quer de mim no meio dessa situação; é uma questão de obediência religiosa;

2) honestidade comigo mesmo diante de meu compromisso de consagração e castidade;

3) a procura da ajuda dos outros/as, reconhecendo na pobreza espiritual que não vou solucionar esses problemas sozinhos.

Acolhendo essa tríplice dinâmica o religioso/a conseguirá uma solução do problema afetivo-sexual que vai exigir algum tipo de renúncia e conversão, mas que serão libertadoras. No meio de tudo isso, o religioso/a precisa retomar uma profunda amizade com a pessoa de Cristo na oração de contemplação. Mais uma vez, Cristo é fiel aos seus consagrados/as.

## h) Castidade e solidão

"Mas existe uma forma de solidão que pesa diariamente sobre nós, para destruir-nos: é a solidão do abandono, da incompreensão, do esquecimento, da derrota imerecida. Nenhuma existência humana pode fugir da solidão, que é semelhante à de Cristo... Não enxergamos mais nada, apenas a noite."[64]

Solidão faz parte da vida humana e qualquer pessoa em qualquer vocação pode experimentar esse sofrimento. E é isso mesmo, um sofrimento humano, espiritual e psicológico. A pessoa se sente só e parece que toda a sua vida, de repente, não tem sentido nem valor. Até o amor de Deus de repente parece estar tão distante ou até ausente. Solidão é um sofrimento forte que também toca diretamente em nossa sexualidade e castidade. No meio dessa "escuridão da noite", um consagrado/a acha uma dificuldade imensa para amar e ser amado. Há uma força que chama a pessoa para um fechamento radical e isolamento doentio enquanto está se sentido totalmente só. Solidão facilmente pode levar a pessoa à depressão.

---

[64] *Dicionário de Teologia Fundamental*: Aparecida, Editora Santuário e Vozes, 1994, p. 918.

Diante desse acontecimento espiritual-psicológico, há várias reações. Pode haver uma reação nociva não só para a pessoa mesma, mas também para a comunidade religiosa e/ou apostólica. O incompreendido/a e o mal amado/a torna-se um mal amante e um desprezado/a que responde com o desprezo. Ofendemos pessoas facilmente durante esse sofrimento.

A pessoa na solidão busca o isolamento, e o ser humano isolado "é repugnante: tem necessidade de ser salvo".[65] A pessoa se fecha em si com medo de arriscar na vida e experimenta, portanto, uma solidão pior ainda.

Outra reação da solidão e de não se sentir amado/a é que a pessoa busca, então, compensações e exageros *para sentir-se amada*. A pessoa fica faminta para receber sinais de afeição e fará qualquer coisa para apagar esse sentimento de vazio e o sentimento de que ela não vale nada e que não é amada. Durante um período de solidão, os desejos genitais acordam assustadoramente. A pessoa começa a raciocinar que a dor vai ser eliminada se ela ter relações sexuais ou qualquer outra compensação sexual sozinha ou com outros. Agindo assim, o religioso/a conclui que vai sentir-se querido/a e apreciado/a. A busca para satisfazer nossa sexualidade genital não somente não resolve o problema, mas, de fato, o sofrimento aumenta porque a solidão se junta com sentimentos de culpa e de infidelidade. Aqui está onde entra para religiosos/as a questão da ascese na castidade. Ascese nesse sentido pode ser entendida como a necessidade de sair de uma

---

[65] Id. ibid., p. 917.

situação para acolher e realmente assumir uma alternativa evangélica. É sair do isolamento, do fechamento e o desequilíbrio sexual para assumir e praticar a castidade.

Como podemos solucionar esse acontecimento que vai aparecer de vez em quando em nossa caminhada na consagração e sobre o qual não temos controle? Todos os grandes escritores/as espirituais sobre esse assunto de solidão falam que há somente uma solução: *buscar Cristo na oração*. Precisamos contemplar Cristo porque ele também sofreu a mesma solidão no horto de Getsêmani, e imitar seu gesto de primeiro buscar a ajuda de sua comunidade ("fique aqui rezando comigo") e buscar o Pai e sua vontade na oração como solução contra a solidão. Lucas descreve abertamente essa solidão de Cristo: *"Tomado de **angústia**, Jesus rezava com mais insistência. Seu suor se tornou como gotas de sangue que caiam no chão"* (Lc 22,39-40). Essa solidão, acolhida dolorosamente, mas com amor, é o tipo de solidão que é fecunda e casta e que nos ajuda a sair do isolamento. Todo aquele que reconhece e aceita sua solidão na fé não está só. Reconhece que é amado/a como filho/a na intimidade com o Pai e assim é capaz de dizer como Cristo: "Pai que seja feita tua vontade". Infelizmente, nesse estado de solidão, a última coisa que a pessoa quer fazer é rezar. Mas, aqui, precisamos da ascese para dar os primeiros passos para sair dessa situação humana e dolorosa. Somente a pessoa mesma pode dar esse passo decisivo para buscar a oração. E é o passo mais seguro para conseguir a libertação.

A segunda solução é que a pessoa precisa sair de seu isolamento. O isolamento da solidão e da depressão nesse sentido é um tipo de morte que pode causar até doenças físicas. A solução é sair de si mesmo para servir e viver a castidade segundo a razão teológica do apostolado. É necessária a ascese para esquecer de si mesmo/a — de renúncia — de sair da escuridão e buscar seu esposo Cristo na pessoa dos necessitados ao seu redor. Aquele que mergulha no coração de seu próprio ser (na oração), abre-se aos outros e cria para si um novo ser. A verdadeira solidão pode ser uma fonte de progresso, de criatividade, de integração.

Mais uma vez, é necessário frisar esse princípio: a pessoa nessa situação precisa da ajuda de outros. A tendência ao isolamento vai impedir que ela busque essa ajuda, mas é o que ajuda na cura de sua solidão. A pessoa precisa abrir-se aos outros sobre o que está passando e sentindo. Um orientador/a espiritual, um bate-papo com seu superior/a que pode ser seu pastor/a nesse momento difícil. Falar com um amigo/a em quem pode confiar seu íntimo. Busque ajuda profissional. Tudo isso é libertador quando essa pessoa descobre que não está sozinho/a e que há alguém que a ama e a acolhe. A pior coisa nesse momento é ficar isolado/a e fechado/a em si mesmo.

### i) Perguntas para ajudar na partilha comunitária

**Uma observação:**
As perguntas sobre este capítulo são muito mais pessoais que a dos outros capítulos, por isso ninguém

se sinta obrigado/a, nem forçado/a a responder as perguntas se não quiser. No entanto, sua experiência de vida pode ser um incentivo para os outros/as procurarem ajuda ou sentirem-se à vontade para falar sobre coisas que nunca falaram antes por medo ou vergonha. Que o Espírito nos dê a força de partilha fraterna para podermos ajudar-nos uns aos outros/as em nossa vivência da castidade. Pode ser um momento grandioso de escuta, partilha e aceitação mútua.

1) Você se sente bem com suas limitações sobre sua sexualidade percebendo que não é perfeito/a na vivência de sua castidade? Como você encara a conversão nessa área afetivo-sexual: com paz ou com um sentido de culpa? Poderia partilhar com os outros/as?

2) Como julga a si mesmo/a em sua caminhada no processo de maturação? O que predomina em sua vida — a receptiva ou a oblativa? Como você se sente quando é oblativo/a? Sua vida de oração e da vida comunitária são melhores quando está numa linha oblativa ou não?

3) Há algumas coisas de seu passado que causaram em você um "coração torto" em sua afetividade? Poderia partilhar isso com os outros/as? Apesar desses acontecimentos, você se sente amado/a por Deus e pelos membros de sua comunidade ou você ainda se sente "culpado/a", ou "sujo/a"? Você aceita na fé que faz muito tempo que Deus o/a perdoou e que o mais provável é que você não teve culpa alguma nesses acontecimentos?

4) Qual é sua opinião sobre a questão da orientação homossexual na vida religiosa? É possível ou não viver

uma vocação religiosa com essa orientação homossexual? Poderia expor suas opiniões?

5) Você já experimentou um período de solidão em sua vida religiosa? Poderia partilhar como você sentiu? O que ajudou você a finalmente sair desse sofrimento?

6) Como um religioso/a você nunca ficou apaixonado/a por alguém? Como é que você conseguiu resolver esse problema afetivo-sexual? Poderia partilhar com os outros/as sua experiência?

# 4 O ASPECTO ESPIRITUAL DO VOTO DE CASTIDADE

## 1. Introdução

No capítulo anterior tratamos aspectos mais psicológicos e morais na vivência da castidade para nos ajudar no crescimento desse voto. Neste capítulo queremos tratar de algumas orientações espirituais que suportam e animam a vivência da castidade. Embora que o modo para viver esse aspecto espiritual da castidade tivesse mudado com o tempo, os escritores espirituais pelos séculos têm apresentado para nós certos princípios espirituais que não mudaram com o tempo. Os princípios não mudam, mas, às vezes, a maneira de expressar esses princípios muda. É importante que contemplemos alguns desses princípios para renovar nossa vivência espiritual dessa virtude da castidade.

Não sei como aconteceu, mas a maioria dos teólogos reconhece que aconteceu. Deslocamos Cristo do lugar central em nossa vida consagrada em geral e no voto da castidade em particular e colocamos nossos substitutos em seu lugar. Esse fato atrasou todo o processo de refundação da vida consagrada, e a prática profética da castidade.

"Como explicar que, passado tanto tempo depois do Concílio com tantos esforços reclamados por sua renovação, a vida religiosa não apresente ainda um 'rosto' suficientemente nítido, uma figura convincente e significativa, capaz de expressar de maneira imediata sua proposta evangélica?"[66]

É minha opinião que a fonte desse atraso no processo de refundação foi exatamente o fato que nos esquecemos de Cristo como o centro de nossa consagração e, por isso, da vivência profética de nossa castidade. Sinto que a vida religiosa precisa estar profundamente enraizada no encontro entusiasta com Jesus Cristo e com Jesus Cristo encarnado e sexuado.[67] Depois do Concílio houve certos questionamentos sobre todas as estruturas da vida consagrada, e foram importantes esses questionamentos. Questionamentos sobre nossa maneira de rezar, de viver em comunidade, de viver profeticamente nossos votos dentro do contexto da consagração religiosa. Mas, no processo, começamos a nos esquecer do essencial, Jesus Cristo, e colocarmos em seu lugar nossos substitutos. No lugar do "único Mestre Jesus" (Mt 23,10; Jo 13,13), que professamos a seguir radicalmente, começamos a colocar nossos substitutos como a psicologia, a sociologia, a teologia da libertação mal interpretada, um ativismo sem freios e sem oração. Tudo isso nos afastou da intimidade com Jesus e, especialmente, de uma vida honesta de oração. A ação ficou a única fonte de espiritualidade. O resultado foi uma acomodação generalizada e um afastamento do sentido evangélico do seguimento

---

[66] PALÁCIO, Carlos, *Testimonio* 138, 1993, p. 100. Cf. GUERRERO, José Maria, *Vinho Novo em Odres Novos*, Publicações CRB/2000, Rio de Janeiro, p. 11-17.
[67] GUERRERO, José Maria, op. cit., p. 29.

de Cristo que não permitiram que a vida de Cristo nos questionasse mais. Colocamos o Mestre no canto, e, assim, começou um processo de acomodação que teve efeitos profundos na vivência de nossa castidade como uma profecia neste mundo pós-moderno. A refundação na vivência profética da castidade é recaptar os meios que os escritores espirituais e mestres indicaram como coisas essenciais para podermos manter uma vivência profética da castidade. Os meios não mudaram, mas a maneira de vivê-los mudaram para que nossa profecia pudesse ser entendida pela sociedade na qual vivemos e ativamente participamos. Este capítulo quer tentar relembrar aos religiosos/as esses meios espirituais com a esperança que possamos refundar esse sinal profético de castidade tão importante para nossa sociedade pós--moderna. O processo começa em cada religioso/a e de lá infiltra para nossas comunidades e para o povo de Deus que servimos em nossa ação casta.

## 2. Amizade com Cristo

"Onde houver homens e mulheres *apaixonados* por Jesus e sua causa haverá vida religiosa. Sem essa experiência teologal, sem essa relação pessoal e, cada vez mais exigente e gratificante com Jesus, o Senhor, sem esta *sedução* não justificamos nenhum de nossos passos na vida religiosa."[68]

---

[68] Id. ibid. p. 29.

É difícil achar um escritor espiritual tradicional ou moderno que não fala da necessidade de promover uma profunda amizade com Cristo para realmente sustentar uma vivência autêntica de consagração religiosa. Simplesmente dito, sem Cristo não há uma vivência da vida consagrada. Sem Cristo não é possível viver dia após dia uma vida totalmente e radicalmente consagrada a Deus. E não é possível viver uma castidade caracterizada por uma alegre doação de si mesmo em atos concretos de amor a Deus e ao próximo sem um amor concreto à pessoa de Cristo e ser amado por esse mesmo Cristo.

O início dessa amizade começa com uma contemplação sobre o sentido teológico de uma vocação para a vida consagrada. Toda vocação na Igreja é um dom de Deus Pai motivado pelo seu profundo amor (castidade) escolhendo a vocação que mais realizaria a pessoa batizada, seu filho/a. Vocação fala do amor de Deus para pessoas concretas. Mas o chamado para a vida consagrada é um dom especial. Dom não no sentido que é um privilégio, mas sim, uma graça sem merecimento pessoal. Nessa vocação Cristo chama a pessoa para uma intimidade especial com ele. A vida religiosa é um apelo que alguém (Deus) faz para um outro (religioso/a), é um apelo cuja motivação não é mais nada que iniciar um processo de profunda intimidade entre Deus e seu consagrado/a. É Deus quem chama e que se revela no rosto humano de Cristo. É o Pai que chama por meio de Cristo. Vida religiosa é um chamado a uma amizade íntima com o Filho (1Cor 1,9). Aqui entra um dos princípios clássicos da espiritualidade. A pobreza espiritual logo nos avisa, na oração profunda, que esse chamado à intimidade com Cristo, que toca em todo o nosso ser sexuado, não está baseado no merecimento, nem em outras razões que dependem de nossa pessoa, *mas somente porque Deus quer*. O chamado vem de Deus. E a razão é que Deus quer amar seus consagrados/as numa maneira especial. Ele é a fonte do chamado à intimidade para com sua pessoa divina por meio de Cristo encarnado e sexuado. Quanto mais acolhermos esse fato na pobreza espiritual, mais vamos crescer nesse amor e fazer de nossa vida uma resposta de amor ao Pai por Cristo no Espírito Santo que nos amaram primeiro.

Quem aceita isso na fé não passa tanto tempo na oração buscando razões para justificar esse amor gratuito. Nunca podemos sentir orgulho de nossa vocação religiosa porque não merecemos esse amor tão grande e essa intimidade tão profunda. Mais do que nunca nessa questão de intimidade na castidade podemos entender as palavras de Paulo: *"Pelo contrário: para confusão dos homens sábios, Deus escolheu justamente o que o mundo considera loucura. O que é fraco no mundo, foi o que Deus escolheu para confundir o forte"* (1Cor 1,26-27). No evangelho vimos que a decisão para acolher essa intimidade com Cristo na castidade foi uma decisão livre na parte de Cristo e dos vocacionados. Deus sempre deixou o outro responder livremente ao convite "siga-me". Os doze apóstolos disseram "sim" e seguiram Cristo. O jovem rico disse "não" porque uma das exigências, a pobreza, foi demais para acolher um dom maior de intimidade com o amado Cristo (cf. Mt 9,9; 10,1-4; 19,16-22).

## a) Convite para entrar no rabinato de jesus

"Conviver com alguém significa assumir todo o processo de chegar até uma comunhão de vida com essa pessoa. É uma comunhão crescente entre o Mestre e o discípulo/a que foi chamado a conviver com ele. Aqui entramos no campo de intimidade e de afetividade humana e espiritual. Inclui todo o processo de conhecer a pessoa de Jesus Cristo. Inclui todo o processo de ser 'conquistado por Cristo' (Fl 3,4-14). Inclui, necessariamente, o processo de ficar apaixonado por Cristo, uma vez que o discípulo descobre que Cristo está apaixonado por sua pessoa."[69]

Logo depois de seu batismo e sua estadia no deserto das tentações, a primeira coisa que Jesus fez foi construir seu rabinato ou sua comunidade. Um rabinato foi a formação de uma comunidade composta de um mestre ou rabi que reuniu ao seu redor um número de discípulos buscando viver com mais intensidade a observância da lei mosaica. Não foi uma comunidade funcional ou externa, nem um clube de interesse pessoal, mas uma comunidade espiritual que estabeleceu laços fortes de admiração e amor mútuo entre o mestre e seus discípulos e vice-versa. Uma das primeiras exigências para entrar num rabinato judaico foi a necessidade de deixar sua família para poder conviver mais de perto com o Mestre. O discípulo precisava ter diante de seus olhos o dia todo a imagem do Mestre

---

[69] KEARNS, Lourenço, *Teologia da Vida Consagrada*, op. cit., p. 69.

que não somente ensinou o conteúdo da lei mosaica e a tradição dos rabis aos discípulos, mas o discípulo podia observar seu mestre praticando exatamente o que ensinou. Quando os doze apóstolos receberam de Cristo o convite para segui-lo, eles deixaram tudo, incluindo suas famílias e começaram a conviver com Jesus, o Mestre (Mt 4,19; 21-22; Mc 1,16-20). Daqui a diante começou todo um processo de amor mútuo entre Cristo e seus amigos escolhidos. João foi chamado o "bem-amado" e houve um relacionamento profundo entre o Mestre e seu discípulo. Pedro demonstrou um amor forte, mútuo e masculino ao Cristo embora ele não fosse ainda muito estável e coerente em sua resposta de amor a Jesus. Cristo falou palavras de amor e mostrou muito carinho para os membros de seu rabinato na véspera de sua morte. Lavou os pés deles que foi algo espantoso, porque Cristo fez algo inconcebível quando um mestre desceu para lavar os pés de seus discípulos (Jo 13,1-17). Cristo chamou cada um "meu amigo" e não "meu servo" (Jo 15,7-17). Até no jardim da tentação, Cristo chamou Judas de "amigo" sabendo que ia trair sua pessoa (Mt 26,48-50). Em outras palavras, em sua profunda humanidade e virtude da castidade, Cristo amou numa maneira especial e sexuada os doze irmãos de sua comunidade íntima. E o convite à consagração religiosa é um convite para entrar no mesmo rabinato de Jesus para viver na intimidade com o único Mestre de nossa vida. "Não foram vocês que me escolheram, *mas fui eu que escolhi vocês*" (Jo 15,16). É importantíssimo que recuperemos esse fato na fé e na refundação pessoal e comunitária. Por uma razão misteriosa, mas real, Cristo está apaixonado por cada um de seus consagrados/as. É Cristo que nos convida a "conviver" com ele em seu rabinato que é uma outra maneira de descrever seu chamado a uma profunda amizade e intimidade com ele. Ele quer que fiquemos perto dele para observar (contemplar) sua pessoa, seus gostos, suas alegrias e suas tristezas, sua missão, seu Pai, seu Espírito e os princípios de seu Reino. É conhecer sua pessoa profundamente e chegar a ficar apaixonado/a por essa pessoa com todo o nosso ser sexuado e, com o tempo, assumir a mesma missão e destino do Mestre. *E tudo isso é graça*. Não podemos forçar a entrada nesse rabinato, não podemos comprar a entrada. Não podemos apelar para a entrada no rabinato por causa de nossos merecimentos. O convite vem de Cristo mesmo e sou livremente convidado a entrar em seu rabinato pela profissão religiosa.

Isso exige a contemplação e o acolhimento de algumas consequências essenciais. Primeiro, *é necessário deixar tudo para seguir o Rabi Jesus*. Foi um deixar radical. Deixaram suas famílias (João e Tiago: Mt 4,22; Mc 1,20) e suas profissões de vida (Mateus o publicano, e Pedro o pescador: Lc 5,27; Mt 4,18-19) para poderem viver mais perto do Mestre. Em poucas palavras, não posso colocar qualquer pessoa ou coisa no lugar do Mestre. É um deixar radical na pobreza para poder amar "de todo o nosso coração" nosso Rabi que nos amou primeiro e nos chamou.[70] É uma escolha de um amor exclusivo à pessoa de Cristo que, no fundo, é o conteúdo do voto de castidade.

---

[70] SCHNEIDERS, op. cit., p. 202-225.

No processo de tempo, Cristo indicou outras exigências para segui-lo, sobretudo, a necessidade de assumir a mesma missão dele que foi a *evangelização: "Jesus convocou os doze... e os enviou a pregar o Reino de Deus... e eles partiram anunciando a Boa Notícia"* (Lc 9,1-6). Mais comprometedora foi a exigência para assumir o mesmo destino do Mestre que foi o assumir da missão do Servo de Javé: *carregar sua cruz para salvar a humanidade. "Se alguém quer me seguir, renuncie a si mesmo, toma cada dia a sua cruz, e me siga"* (Lc 9,23; Mt 16,24; Mc 8,34).

Uma segunda consequência foi *a necessidade de diligentemente observar o Mestre*. O caminho para aprofundar a castidade religiosa é a intimidade com Jesus e o assumir do mesmo caminho do Mestre, isto é, a castidade livremente assumida "em favor do Reino". Somente pela oração mais profunda, pessoal, íntima e sexuada, é que vamos conseguir observar o Mestre, e sermos verdadeiros discípulos do Senhor. Pela continua observação do Mestre em nossas vidas, vamos poder acolher e continuar profeticamente, num processo lento, doloroso, mas libertador, a própria pessoa de Cristo em nós. Pouco a pouco, vamos começar a pensar e agir como o Mestre e seremos uma continuação viva e profética de Cristo casto na comunidade e no mundo. *"Eu vivo, mas já não sou eu que vivo, pois é Cristo que vive em mim. E esta vida que agora vivo, eu a vivo pela fé no Filho de Deus que me amou e se entregou por mim"* (Gl 2,20-21). Castidade, portanto, exige uma presença amorosa com o Rabi para poder conhecer e imitar a castidade do Mestre que amou seus discípulos "até o extremo" (Jo 13,1-2). Somente vivendo em Cristo é que vamos realizar e profetizar nossa castidade concretamente na vida, na comunidade e na missão.

## b) Um amor sexuado entre Cristo e seu consagrado/a

"A vida religiosa é uma escolha sobre quem seria o centro de sua vida numa maneira exclusiva e absoluta que determina todos seus outros amores e todas as suas escolhas na vida. No caso de um religioso, a escolha última não é para uma organização, nem para um ministério que podem ser realizados fora da vida consagrada, mas, sim a escolha de uma pessoa, Jesus Cristo, como centro de sua vida e de união com Deus."[71]

A pergunta agora é qual tipo de relacionamento Cristo quer com seus consagrados/as? Certamente se essa pergunta fosse feita alguns anos atrás, a resposta seria um tipo de relacionamento assexuado. Um amor platônico. Um amor frio e distante com um Deus-homem também frio e distante. Mas isso não é o tipo de amor que Cristo revelou para nós nos evangelhos onde ele quis ser uma profecia do amor de seu e nosso Pai. "Quem me viu, viu o Pai" (Jo 14,8-9). Olhando para os evangelhos encontramos Cristo encarnado mostrando-nos um amor sexuado que abertamente demonstrou seu carinho às pessoas. Ele amava os membros de uma família em particular: *"Jesus amava Marta, a irmã dela e Lázaro"* (Jo 11,5). Na morte de

---
[71] SCHNEIDERS, op. cit., p. 9-10.

Lázaro, Cristo *"começou a chorar"*, e os outros observaram: *"vejam como ele **o amava**!"* (Jo 11,32-36). O apóstolo João ganhou o apelido de *"aquele que Jesus amou"* porque foi evidente que Cristo mostrou para ele sinais especiais de afeição (Jo 13,23; 19,26; 20,21; 21,7-20). E foi esse discípulo que mostrou sua intimidade com Jesus quando *"se inclinou sobre o peito de Jesus e perguntou"* quem era o traidor (Jo 13,25). Cristo também teve uma afeição todo especial pela pessoa de Pedro e perguntou-lhe três vezes se seu amor foi sincero como foi o amor de Cristo a ele: *"Pedro você me ama?"* (Jo 21,15-19). Cristo também amou o jovem rico que quis seguir Jesus, mas não era capaz por causa da exigência da pobreza, mas *"Jesus olhou para ele com amor"* (Mc 10,21). O último exemplo é tocante: a cura da mulher com uma doença de doze anos que, com fé, tocou na roupa de Jesus procurando uma cura (Lc 8,43-46). Sua doença, um constante fluxo vaginal, colocou-a num permanente estado de "impureza" (Lv 15,19s).[72] Devido a essa doença, essa mulher foi condenada para uma vida sem amor, sem casamento e sem possibilidade de maternidade por causa de sua impureza constante, o contato com o sangue. Jesus reconheceu todos esses sofrimentos e *teve compaixão* de sua triste condição de exclusão da comunidade e do templo. Por causa de sua fé, Jesus libertou-a do medo e da angústia de ser mulher condenada no meio de uma sociedade que a tinha desprezado e envergonhado por doze longos anos. A cura dessa mulher foi um gesto pro-

---

[72] BENETTI, Santos, op. cit., p. 240-241.

fundamente carinhoso e sexuado na parte de Jesus. Foi uma libertação que devolveu a ela a dignidade de uma mulher amada e sexuada.

Os sinais evidentes do carinho de Jesus para com os pobres, os doentes e pecadores são, em quase cada página do evangelho, um amor cheio de ternura e compaixão que foram sinais de sua sexualidade. "E a Palavra se fez *homem* e habitou entre nós" (Jo 1,14). A Palavra foi encarnada cheia de nossa sexualidade e foi por meio do exercício de seu ser sexuado que Cristo mostrou-nos claramente o rosto e o coração de seu Pai. Deus Pai ficou visível na pessoa e nos sinais da sexualidade de Jesus Cristo.

Esse mesmo amor sexuado de Cristo continuou depois de sua ressurreição onde mais uma vez ele demonstrou sinais fantásticos de amor e carinho à sua comunidade no dia e na noite da Ressurreição (cf. cap. 20 e 21 de João). Esse mesmo amor sexuado deveria existir entre ele e seus consagrados/as. As palavras de Cristo aos membros de seu rabinato podem tranquilamente ser dirigidas hoje aos seus consagrados/as. "Assim como meu Pai me amou, eu também amei vocês; permanecem no meu amor" (Jo 15,9).

Penso que muitos religiosos/as formados no velho modelo de castidade precisariam de uma conversão muito grande para acolher as verdades que Cristo os/as ama com toda a sua sexualidade. Ouvindo isso, alguns/as até sentiriam mal porque foram formados/as para acolher somente um Cristo distante e sem sexo e para ter medo e suspeitar de qualquer sinal de ternura. Bloqueamos profundamente esse amor sexuado de Cristo ressuscitado em nossa vida de oração que revela como o Pai e o Espírito nos amam "por Cristo, com Cristo e em Cristo". Como diria João em sua primeira carta: *"No amor não existe medo; pelo contrário, o amor perfeito lança fora o medo, porque o medo supõe castigo. Por conseguinte, quem sente medo ainda não está realizado no amor.* **Quanto a nós, amemos, porque ele nos amou primeiro"** (1Jo 4,18-19).

A conversão seria uma conversão dupla. Primeiro, temos de deixar que Cristo seja carinhoso e mostrar os sinais de sua sexualidade e afetividade para conosco. Quando lemos textos que mostram o carinho, a ternura, a misericórdia de Deus, seja do Pai, do Filho encarnado ou do Espírito Santo, então, *precisamos deixar que Deus seja Deus conosco*. Precisamos deixar que essas características cheguem a ser vida em nossas vidas. Não podemos colocar bloqueios ou condições egocêntricas sobre como Deus pode ou não pode nos amar. Deus é amor. Cristo veio especificamente como um ser com sexualidade como nós, para nos mostrar visivelmente o Invisível que é o amor de seu Pai. "Ninguém jamais viu a Deus; quem nos revelou Deus foi o Filho único que está junto ao Pai" (Jo 1,17-18); "Ele é a imagem do Deus invisível, o Primogênito..." (Cl 1,15). Cristo grita em cada página do Novo Testamento que seu ser é igual ao ser do Pai e seu amor a nós é como o amor do Pai a Cristo e a nós. Como já vimos, um amor sexuado não é necessariamente um amor genital. Aqui está onde precisamos da conversão. Todo amor não é sexo genital, mas sim, um amor sexuado. Cristo quer amar-nos na oração com todo o seu ser sexuado que exige mostrando a nós sinais de seu amor sexuado. O trabalho de conversão é sentir-se bem com os sinais de amor que Cristo mostra-nos na oração e acolhê-los com naturalidade. Compaixão, ternura, misericórdia, carinho são todos sinais sexuados do amor de Cristo encarnado a nós seus consagrados/as. Deus quer amar-nos muito e quer que possamos reconhecer esse amor dele em nós frequentemente. A fé está exatamente no acolher esse amor sexuado de Cristo que revela o amor divino do Pai.

A segunda conversão está na maneira como *devemos responder* para o amor da Trindade às nossas pessoas. Na oração de contemplação precisamos amar a Deus com todo o nosso ser e amor sexuados. Nós não amamos a Deus friamente como se Deus fosse uma ideia ou uma teologia fria e calculada. Nós amamos a Deus que é uma pessoa que nos amou primeiro. Precisamos aprender a amar a Deus com toda a nossa sexualidade e castidade. Deve ser um amor cheio de calor humano, ternura, abertura e diálogo amoroso. Não há nada que não podemos partilhar com Jesus e, por meio de Jesus, com o Pai, e isso inclui toda a nossa sexualidade que Deus criou e viu que "tudo era bom" (Gn 1, 31). Não devemos sentir nenhuma vergonha de expressar na oração com Deus toda a nossa masculinidade e feminilidade e todo o nosso amor sexuado. Somente leituras dos escritos dos Santos/as e, especialmente dos místicos, provam como eles/as mostraram tanto carinho sexuado para com Jesus e sentiram-se profundamente amados/as por Ele. Precisamos superar essa falsidade mística que herdamos na formação inicial sobre nossa maneira de falar e tratar com Deus. Essa formação nos afastou de uma intimidade tão desejada pelo próprio Deus com suas criaturas e com seus consagrados/as. Olhe como a mulher pecadora pôde, num gesto totalmente sexuado e feminino, tocar em Jesus e demonstrar sem vergonha sua sexualidade e ternura para com Jesus (Lc 7,36-50). E ela foi perdoada exatamente porque mostrou estes sinais sexuados de amor e, assim, provou seu amor e arrependimento a Jesus: *"Por essa razão, eu declaro a você: os muitos pecados que ela cometeu estão perdoados porque ela **demonstrou muito amor**"* (Lc 7,47). Vimos como Maria, irmã de Marta, ficou aos pés de Jesus para ouvir sua palavra que foi um sinal sexuado de amor e carinho. E Jesus teve de declarar para Marta que questionou sua atitude: *"Marta, Marta! Você se preocupa e anda agitada com muitas coisas; porém, uma só coisa é necessária.* **Maria escolheu a melhor parte**, *e esta não lhe será tirada"* (Lc 10,38-42). Espero que possamos todos crescer nesse aspecto de nossa própria sexualidade, intimidade, afetividade e nosso relacionamento sexuado com a pessoa de Deus Pai, Filho e Espírito Santo. Que sejamos capazes de acolher o amor incondicional de Deus e respondamos com amor por meio de todo o nosso ser sexuado.

### c) O processo de "configurar-se" a Jesus Cristo é um processo libertador

"Quem se une ao Senhor, torna-se um só espírito com ele. A castidade não é somente uma disposição para esta união, senão que realiza esta união de maneira bem imediata e absoluta."[73]

"Ao contrário, aquele que se une ao Senhor, forma com ele um só espírito" (1Cor 6,17). "Pois, vocês todos são filhos de Deus pela fé em Cristo Jesus. Todos os que foram batizados em Cristo se revestiram de Cristo" (Gl 3,27).

Esse processo de se revestir de Cristo é um tema constante em São Paulo (Gl 3,27; Ef 4,24; Cl 3,10). Ele teve uma linha de espiritualidade na qual a união amorosa entre Cristo e seu amado batizado/a iniciou um processo extraordinário de conversão e de transformação do amado/a na própria pessoa do Salvador Jesus. Pela intimidade sexuada do consagrado/a com Cristo, na oração de contemplação, pouco a pouco, o ser e o agir de Cristo torna-se o ser e o agir do próprio consagrado/a. Cada vez mais a essência desse ser e agir de Cristo, do Pai e do Espírito Santo, torna-se a essência do amado/a. E essa essência é amor: Deus é amor. É o caminho da castidade mais radical possível. *"Eu vivo, mas já não sou eu que vivo, pois é Cristo que vive em mim"* (Gl 2,20). O consagrado/a vive em e por Cristo e acolhe, num processo de transformação, todos os sentimentos de Cristo em sua própria pessoa. É um processo longo e às vezes doloroso de transformação, porque exige um "morrer para o velho homem/mulher" (Rm 6,6; Ef 4,22; Cl 3,7). Exige um verdadeiro deixar tudo e todos/as que impede

---

[73] ALONSO, Severino, op. cit., p. 250.

um amor radical a Deus e ao próximo para podermos vestir-nos no ser e no agir de Cristo consagrado, cuja essência é o amor. Nesse sentido, a transformação em Cristo exige que façamos uma leitura honesta de Cristo no Evangelho para que ele possa entrar em nossas vidas e nos questionar mansamente sobre nossas atitudes e nosso modo de amar, querer, agir e pensar. Deixamos que o amado Cristo nos purifique e nos dirija para alternativas na vida que são reflexos vivos e proféticos do próprio Cristo encarnado e sexuado: *"E essa vida que agora vivo, eu a vivo pela fé no Filho de Deus que me amou e se entregou por mim"* (Gl 2,20). Normalmente essas alternativas falam da necessidade de mudar de um amor egocêntrico para um amor "outrocêntrico" que é sexuado e livre. Fala de uma maneira Cristocêntrica para amar nosso Pai e aos nossos irmãos/as em comunidade e no apostolado. É um amor "encarnado", cheio de sinais evangélicos de nossa sexualidade. Sem deixar que essa conversão aconteça, ficamos sempre na mesma, e nosso amor fica limitado, egocêntrico, e infértil. Cristo nos desafia na oração e por meio da *lectio divina* a sairmos de nosso fechamento e egoísmo para amar como ele amou. O sinal da castidade radical do evangelho é o amor de Cristo na cruz que indica para nós o caminho radical de seu amor sexuado. O sinal-da-cruz é o sinal profético que nós profeticamente queremos ser. É o sinal visível que queremos radicalmente assumir pelo voto de castidade. Sem dar licença para Cristo entrar e mansamente invadir nosso ser, para nos mostrar o caminho, a castidade fica sempre numa observação externa, legalista e moralista que não liberta e nem profetiza. Cristo quer libertar-nos para viver mais radicalmente a profecia de nossa castidade. Ele quer que a castidade nos realize humanamente e espiritualmente numa profunda alegria. Ele quer primeiro curar os desvios do amor evangélico em nossos corações que aconteceram e que ainda têm influências conscientes ou inconscientes em nossas histórias. Ele quer curar-nos de acontecimentos marcantes que nos influenciaram negativamente em nosso desenvolvimento sexual e que hoje ainda causam o fechamento de nossos corações com medo, vergonha e complexos. Há medo em algumas pessoas consagradas para experimentar até o amor incondicional do Pai, porque exige que elas saiam de si mesmas para amar e servir aos seus irmãos/ãs porque Deus nos amou assim. O amor incondicional entre os membros da Trindade é nossa meta na castidade. Cristo quer curar as feridas que vieram da vivência com nossas famílias, de nossa formação inicial, e de nossas experiências negativas na vida comunitária e/ou apostólica. Todo religioso/a carrega algumas mágoas, experiências de rejeição, ou calúnias, que tocaram profundamente em sua sexualidade e capacidade para amar e ser amadas. Cristo, por meio de seu Espírito Santo, quer "lavar" e "sarar" essas feridas de nossa sexualidade para que possamos amar como ele amou.[74] Pouco a pouco, Cristo tira as pedras de nosso coração (Ez 36,25-29), e sopra nova vida e um novo Espírito em nossos ossos ressequidos (Ez 37,7-14). O voto de castidade é uma aventura de cura

---

[74] Cf. *Seqüência* na Missa do Espírito Santo na festa do Pentecostes.

para que possamos amar como Cristo amou em toda a sua humanidade e divindade. A cura vem por meio da intimidade com Cristo, nosso Salvador e Redentor. Sem oração a cura simplesmente não acontece.

A cura de nossa sexualidade tão desejada por Cristo não funciona como um milagre. Não busque milagres. Deus exige nossa cooperação em suas curas interiores. Quando Deus cura nossas doenças que impedem a capacidade de amar e sermos amados, ele apresenta-nos "remédios" que somente nós, em corresponsabilidade e pobreza espiritual, podemos tomar. Os remédios são variáveis, mas o começo é sempre com *o remédio de perdão* que já mexe com nossa sexualidade. Aqueles/as que causaram danos em nossa formação na sexualidade, e, consequentemente, em nossa capacidade para amar e ser amados, precisam de nosso perdão. Eles/as precisam de um gesto concreto de sair de nosso fechamento, mágoas e vergonhas para estender aos nossos infratores um ato sexuado de perdão que reflete a própria sexualidade de Cristo que perdoou todos os pecadores, mostrando para eles o rosto amoroso de seu Pai. Perdão é um ato humano e sexuado e é um ato divino. Perdão toca profundamente em nossa sexualidade.

Para que essa cura possa acontecer, também precisamos aprender a falar com Jesus sobre nosso passado sexual sem medo e sem vergonha. É notavelmente libertador falar com Jesus sobre nosso ser sexual, experiências sexuais, nossas tendências, nossas tentações, nossas limitações e, finalmente, sobre nossos pecados nessas áreas. Deus não julga como um carrasco, mas sim, ele nos chama à conversão para podermos melhor amá-lo como também ao próximo como nossa finalidade no ato da consagração. Deus é amor. O consagrado/a é amor. *"Tu me sondas e me conheces. Tu conheces o meu sentar e o meu levantar; de longe penetras o meu pensamento... Para onde irei, longe do teu sopro? Para onde fugirei, longe de tua presença?... Pois tu formaste meus rins, Tu me teceste no seio materno. Eu te agradeço por tão grande prodígio e me maravilho com as tuas maravilhas"* (Sl 139).

É nesse diálogo de amor sem medos que vamos descobrir um acolhimento incrível na parte de Cristo, mas também encontrar um Cristo que nos desafia a deixar o passado no passado para poder **assumir o presente**, como pessoas sexuadas capazes de comprometer-se para amar segundo nosso voto de castidade. Não somos condenados a sermos incapazes de viver a castidade por causa de nosso passado. Castidade é vivida no presente e não no passado. Hoje somos capazes, apesar de nosso passado, de sermos profecias vivas do amor de Cristo. O evangelho está repleto de exemplos de pessoas convertidas que foram capazes de mudar e viver uma vida de amor evangélico. Estou convicto que ainda há um bom número de religiosos/as que se acha incapacitado de procurar esse encontro de amor e de cura com Cristo. Por causa de sua condição sexual, eles/as pensam que não podem ser amados por Cristo e, por isso, jogam sua própria rejeição de si mesmos em cima de Cristo. Alguns/as pensam que não podem falar com Deus sobre esses assuntos "sujos" de sua sexualidade, especialmente de suas experiências traumáticas do passado. Somente posso confirmar que se abra para Deus sobre esses assuntos de seu passado sexual, haverá libertação. Vamos experimentar uma aceitação sem preço e um amor incondicional na parte de Deus. Somente criando coragem para se abrir a Ele, é que descobriremos o amor e o carinho sexuado na parte de Deus que cura o nosso ser sexuado. Deus não somente acolhe nosso ser em sua totalidade, incluindo nossa sexualidade e seus possíveis desvios, mas promete curá-los se nós deixarmos. *O amor de Deus cura tudo.* Experimentem, e vai começar um processo de libertação porque Deus nos amou primeiro exatamente como somos.

### 3. Meios para fortalecer a vivência da castidade

### a) Oração de contemplação

Para vivermos uma castidade que se concretiza na doação de si mesmo em favor dos outros, especialmente aos pobres, precisamos aprender a amar primeiro a Cristo na oração e sermos amados por Ele. Precisamos aprender *a oração de diálogo amoroso com Deus.* Estamos falando da oração de contemplação e de um relacionamento profundo entre o "eu" e o "Tu". A oração de contemplação precisa ser exatamente uma oração sexuada onde o consagrado/a tem a liberdade para expressar todo o seu amor fogoso a Deus e Deus ao seu consagrado/a. Os escritos dos grandes místicos/as estão cheios desse tipo de diálogo amoroso entre Deus e seu amado/a. Precisamos aproximar-nos de Deus com toda a nossa sexualidade e expressar esta parte essencial de nosso ser no diálogo com Deus Pai por Cristo, com Cristo e em Cristo encarnado e sexuado. Não pode ser um relacionamento assexuado porque o próprio Deus nas escrituras expressa seu amor ao seu povo e aos seus amados/as como um amor sexuado. "Eu amei você com amor eterno; por isso, conservei o meu amor por você" (Jr 31,3). "Agora sou eu que vou seduzi-la, vou levá-la ao deserto e conquistar seu coração... Eu me casarei com você para sempre, me casarei com você na justiça e no direito, no amor e na ternura. Eu me casarei com você na fidelidade e você conhecerá Javé" (Os 2,16-22).

O processo de oração pessoal para pessoas consagradas consiste especificamente no cultivo do processo de intimidade. Mas intimidade não acontece sem presença. Presença, nesse sentido, significa a necessidade de dar um espaço honesto para estar na presença de Deus, o amado, em oração diariamente. É um processo de conhecer e experimentar esse "amor enlouquecido de Deus" (Santo Afonso), e querer ser uma resposta virginal, profética e amorosa na Igreja e no mundo para esse Deus que nos amou primeiro. É um processo primeiro conhecer Deus como Ele realmente se revela, que exige uma purificação de nossas imagens distorcidas de Deus. Segundo, precisamos experimentar a ternura e a fidelidade de Deus. É necessário deixarmos que Deus seja Deus conosco na intimidade. Precisamos deixar o que descobrimos no "conhecer" em nossas vidas sem restrições e condições. E em troca de todo o amor fiel de Deus, surge um terceiro tópico, isto é, que o consagrado/a precisa responder com amor autêntico a Deus, com igual ternura e fidelidade. As três dinâmicas essenciais de uma oração mais profunda, então, são: conhecer Deus, experimentar Deus e responder para o amor de Deus.

Cada consagrado/a teve uma experiência de Cristo que o/a levou a querer responder seguindo-o numa forma radical na consagração religiosa. Essa resposta foi concretizada e confirmada no noviciado, onde houve tempo disponível para discernir sobre nossa resposta concreta ao amor de Deus. Houve um ambiente contemplativo que ajudou muito para facilitar a intimidade entre Cristo e seu vocacionado/a. O "sim" dirigido a Cristo, no dia de nossa profissão religiosa, foi uma resposta ao seu amor e seu chamado pessoal. Foi uma afirmação de seu amor às nossas pessoas, e uma confirmação de sua fidelidade completa a nós.[75] Mas como o anjo disse à Igreja de Éfeso: *"Você foi perseverante. Mas há uma coisa que eu reprovo: **você abandonou seu primeiro amor**. Preste atenção: repare onde você caiu, converta-se e retome o caminho de antes"* (Ap 2,3-5). A grande maioria dos religiosos/as sofre um esfriamento de intimidade com Cristo. Depois do noviciado, estamos jogados/as numa atividade frenética. Pouco a pouco, a oração mais íntima com Cristo, que tivemos tempo para cultivar no noviciado, é a primeira coisa que abandonamos por força maior e não por opção. Mas torna-se numa opção porque coisas e atividades tomam o lugar de intimidade em

---

[75] SCHNEIDERS, op. cit., p. 81.

nossas vidas e o amor esfria ou começa a secar. Sentimos saudades de nosso relacionamento pessoal e sexuado com a pessoa de Cristo. Cada vez mais, Cristo torna-se, então, uma ideia, uma filosofia, uma teologia, mas não aquela pessoa que me amou ou que me conquistou como diria São Paulo, e que continua me amando apaixonadamente. Deus não mudou — **nós mudamos**. E nossos substitutos e atividades não podem sustentar nossa vida consagrada. O amor esfria e seca nossa intimidade com Deus. O voto e a virtude da castidade são sempre um convite para reacender o fogo de amor íntimo entre Cristo e seu consagrado/a. Mas esse reacender é impossível conseguir sem deixar um tempo para recuperar a intimidade entre o "esposo e a esposa" (a razão teológica do casamento místico em Oseias, João e Paulo). Esse tempo não é mais nada que a necessidade de fazermos uma *prioridade de oração íntima e pessoal em nossas vidas*. Não pode ser algo que é opcional. É absolutamente necessário para manter uma castidade profética no meio da Igreja e do mundo. Isso exige honestidade para assumir de novo essa prioridade em nossas vidas consagradas. Somos uma geração que não reza muito. Somos uma geração que substituiu a oração com a ação sem freios, televisão e computadores. No processo de esfriamento, a profecia de sermos uma resposta virginal ao amor de Deus sofreu muito por causa disso. Pela consagração religiosa devemos ser homens e mulheres "de Deus". *"Você é meu/minha"* (Is 43,1-6); *"Um vai dizer: 'Eu pertenço a Javé'". Outro ainda escreverá na palma da mão "De Javé"* (Is 44,4-5). *"Eu tatuei você na palma da minha mão"* (Is 49,16). O povo realmente espera de nós essa profunda intimidade com Deus. O povo simples espera que seus consagrados/as sejam pessoas que cultivam a intimidade com Deus para que possam comunicar esse mesmo Deus de ternura para ele em seus desesperos e sofrimentos.

Outro aspecto da oração é assumir pouco a pouco a identidade de Cristo em nós. O ser e o agir de Cristo se tornam nosso ser e agir. Isso é o resultado fantástico de qualquer tipo de intimidade verdadeira, isto é, uma partilha e troca alegre de personalidades. Isso é verdade especialmente na intimidade que acontece entre Cristo e seu consagrado/a. A oração de intimidade exige, então, do consagrado/a *a conversão*. Uma conversão que é efetiva e transformadora. Não pode existir intimidade sem o desejo de mudar do velho homem e da velha mulher para acolher e viver o novo homem e a nova mulher em Jesus Cristo.

Somente uma palavra sobre um possível perigo nessa intimidade. Nunca devemos procurar a intimidade com Cristo por razões secundárias. Não devemos "usar" Cristo para nossos próprios interesses, como sentimentalismo, sentir-nos bem, encher um espaço em nossas necessidades afetivo-sexuais. É muito fácil cair nesses erros sérios. Somente podemos querer amar Cristo num gesto autêntico de nossa sexualidade humana e espiritual, que exige que saiamos de nós mesmos para doar-nos a Cristo e à sua Igreja feita de "pedras vivas". Essa busca significa compromisso de doar-nos a Cristo num amor autêntico. *A meta, o destinatário, é Cristo e não nós mesmos.* Qualquer outra motivação vai destruir nossa busca de amor autêntico e vai frustrar nossa afetividade-sexualidade. Tenho receio que certas orientações de alguns jovens religiosos/as estão exatamente nessa linha errada. Há muito sentimentalismo e pouco compromisso para seguir Cristo e acolher com generosidade sua missão e seu destino. Intimidade com Cristo termina no "carregar sua cruz" para continuar a vontade louca do Pai para salvar toda a humanidade (Lc 9,23-24). Toda intimidade com Cristo termina em Calvário com Cristo para abraçar toda a humanidade em sua miséria, intercedendo por ela em imitação do amor desinteressado do Servo de Javé (Is 53,1-12).

## b) Devoção eucarística

"Toda a santidade e toda a perfeição de uma pessoa consiste em amar a Jesus Cristo, nosso Deus, nosso maior bem, nosso Salvador... Alguns põem a perfeição na austeridade da vida, outros na oração, estes na frequência dos sacramentos, aqueles na esmolas. Enganam-se. A perfeição consiste em amar a Deus de todo o coração."[76]

Olhando para a vida de todos os santos/as religiosos uma coisa é constante. Foi sua devoção amorosa ao Santíssimo Sacramento, seja no aspecto da celebração eucarística ou da presença de Cristo no sacrário, que fortaleceu sua vida consagrada. Parece que os San-

---

[76] Afonso de Ligório, *Prática do Amor a Jesus Cristo*", Editora Santuário, Aparecida, 1987, p. 11.

tos/as, pessoas zelosas na pastoral, sempre achassem tempo para celebrar a Eucaristia ou de passar tempo, até horas na noite, diante de seu amado no sacrário. Parece que eles/as tiravam toda a sua força e seu zelo da doação de si mesmos em seus apostolados do próprio Cristo no Santíssimo. Passando momentos de intimidade com Cristo, acharam a necessidade de sair de si para servir Cristo nos doentes, nos pecadores, nos abandonados e nos sofridos de Deus. A presença de Cristo no Santíssimo e momentos de amor sexuado com Cristo deu para esses santos/as a capacidade de enxergar Cristo em tudo e em todos. Foram momentos de profunda intimidade e de fé que desafiaram o consagrado/a a cumprir todos os seus compromissos evangélicos com alegria e com generosidade. Por isso, foram homens e mulheres que podiam fazer acontecer uma continuação de Cristo casto no tempo e no espaço. Poderiam fazer milagres de cura, de reconciliação e de perdão porque estavam "cheios" de Cristo e podiam soltar esta presença de Cristo neles/as por meio de seus apostolados de amor, de serviço e de castidade (razão apostólica).

Não sei como expressar minha preocupação sobre esse importante meio eucarístico para viver a virtude da castidade. Uma coisa é certa. Alguns/as dessa nova geração, ou por causa de uma nova orientação espiritual, colocam a devoção eucarística no canto como algo desnecessário, antiquado ou até alienante. É claro que essa devoção eucarística, como foi vivida antigamente, não diz muito para essa nova geração. Mas o que me assusta é que essa nova geração não busca substitutos que exigem que eles/as saiam de si mesmos para servir aos outros. Alguns religiosos/as juniores/as falaram abertamente para mim em cursos que dei em Juninter, que não vão à Missa aos domingos e também quase nunca passam momentos diante do Santíssimo. Tentei refletir sobre isso e honestamente não acho respostas para acalmar meu receio. Fico assustado diante dessas colocações porque o oposto foi uma constante na vida daqueles/as que chegaram à santidade na Igreja. Posso entender que a maneira de exercer nossas devoções ao Santíssimo no passado não atraem mais as novas gerações. Posso entender isso. Entretanto, que eles/as achem alternativas sem abandonar uma devoção ao Santíssimo Sacramento. "Eu sou a videira, e vocês são os ramos. Quem fica unido a mim, e eu a ele, dará muito fruto, porque sem mim vocês não podem fazer nada. Quem não fica unido a mim será jogado fora como um ramo e *secará*" (Jo 15,5-6). É essa minha preocupação — o medo de ficarmos secos/as. Medo de não mais enxergarmos Cristo nos pobres e necessitados. E assim o apostolado ser usado para fins pessoais e afetivo-sexuais sem a necessidade de doar-se. Cristo na Eucaristia desafia-nos a *viver com e como Ele*. Ele purifica nossas motivações e nos leva a assumir sua atitude de doação de si em favor dos outros que é a castidade. Sem esse alimento e essa presença de amor mútuo com Cristo eucarístico, o egoísmo e os desvios afetivo-sexuais reinam em nossos serviços e apostolados.

## c) Devoção afetuosa a Maria

"Por graça de Deus exaltada, depois do Filho e acima de todos os anjos e homens, como Mãe santíssima de Deus, Maria esteve presente aos mistérios de Cristo e é merecidamente honrada com culto especial pela Igreja... é venerada sob o título de Mãe de Deus, sob cuja proteção os fiéis se refugiam súplices em todos os seus perigos e necessidades."[77]

Juntamente com essa devoção a Cristo há a necessidade de uma devoção afetuosa e sexuada à pessoa de Maria. Quase todas as Constituições nas congregações falam de algum tipo de devoção a Maria. Muitos religiosos/as já possuem essa devoção antes mesmo de entrar na congregação, que veio da prática em família com seus pais, e das rezas em suas paróquias e capelas. Devoção afetuosa a Maria é algo especial para o povo da América Latina. Parece que o povo se sente capaz e livre para ser afetuoso e sem cerimônia em sua devoção a Maria. É algo que vem naturalmente e que realiza e confirma sua fé. Parece que o povo é capaz de superar qualquer frieza litúrgica quando encontram momentos para praticar uma devoção Mariana em seus cantos, procissões, e novenas.

Os religiosos/as precisam superar e substituir algumas devoções Marianas que não levam os consagrados/as a viverem com mais intensidade sua vida consagrada. Primeiro, precisamos acolher Maria como *uma mulher*

---

[77] *Compêndio do Vaticano II*, op. cit., p. 111.

*sexuada* como nós. Maria é primeiro uma mulher com sexualidade que é capaz de amar e ser amada. Precisamos falar com Maria de mulher para mulher ou de homem para mulher. É uma devoção sexuada onde podemos expressar nossa feminilidade e masculinidade sem medo. Uma devoção cheia das manifestações sexuadas de ternura, carinho, compaixão, e capazes de livremente expressar com Maria nossos sentimentos de alegria e de tristeza. Maria não pode ser aquela supermulher que algumas devoções apresentam-nos e que, de fato, nos afastam dela porque é tão difícil aproximar-nos dela, e imitá-la. Há a necessidade de praticar uma devoção que coloca Maria com seus dois pés no chão, como uma mulher que experimentou medos, desânimo, dúvidas, sofrimentos e dores; uma mulher de fé, de esperança e de caridade. Uma mulher que foi "às pressas" ajudar sua parenta (Lc 1,39-45). Uma mulher e mãe que ficou preocupada com a vergonha que o novo casal ia passar porque faltou o vinho (Jo 2,1-12). Uma mulher que precisava discernir o que Deus quis dela na vida cotidiana para preparar sua obediência livre e generosa (Lc 1,26-38; 2,25-35.50-52).

O segundo aspecto da devoção Mariana, que toca profundamente na fé do povo simples, é que *Maria é uma mãe*. Maria é uma mãe solícita sempre, olhando e protegendo seus filhos/as. Uma mãe de perpétuo socorro sempre pronta para ajudar seus filhos/as. Esse carinho mútuo entre a Mãe e seus filhos/as é um relacionamento sexuado e carinhoso. É um amor mútuo que se expressa por meio de um diálogo carinhoso. Nós religiosos/as precisamos aprender muito do povo simples em sua maneira de acolher e encarar Maria como uma Mãe. Ficamos frios/as demais em nossas teologias intelectuais para poder encarar Maria como uma Mãe bondosa. Mais uma vez, há a necessidade de purificar nossas devoções para que sejam adultas. Não devemos "usar" Maria como mãe para promover nossos interesses pessoais. Essa devoção interesseira significaria uma falta de sexualidade sadia. Usar alguém é um desvio de amor sexuado e sadio. A devoção Mariana tem por finalidade a doação mútua entre Maria Mãe e seu filho/a. Não é só receber de Maria. Essa deformação vem de nossa formação em que buscamos Maria somente quando há necessidades em nossas vidas. Buscamos Maria para que ela possa satisfazer nossos desejos sem levar em conta, de verdade, a vontade de Deus. Usamos Maria para que ela assuma a responsabilidade de nossas opções de vida sem a necessidade de buscarmos a conversão. Buscamos Maria para tirar as cruzes de nossas vidas que possivelmente vieram de Deus, para carregar salvando com Cristo o mundo de hoje. Buscar Maria, sim, mas sempre com a intenção adulta de buscarmos juntos o que Deus quer de nós em circunstâncias concretas. Toda devoção a Maria deve levar-nos a uma atitude e à prática da obediência evangélica.

### d) Amizade entre os irmãos/ãs religiosos/as

"Lembrem-se, além disso, todos, e em particular os superiores, que mais seguramente se guardará a castidade se entre os membros floresce a verdadeira caridade fraterna na vida comum."[78]

Pessoas consagradas vivem juntas por uma porção de razões ou finalidades. Vivem juntas para celebrar a mesma espiritualidade congregacional. Elas abertamente reconhecem que precisam umas das outras para serem autênticas no cumprimento fiel de sua consagração. Os consagrados/as vivem juntos para exercer um carisma e serviço específico na Igreja ou no mundo. Também vivem como adultos que assumiram uma vida celibatária com princípios evangélicos ao invés de viverem numa comunidade baseada nos princípios de egoísmo, necessidades pessoais, ou projetos predeterminados.[79] Mas essas motivações mencionadas não podem garantir uma vida autêntica de fraternidade evangélica para uma comunidade religiosa. A união entre eles/as não pode ser, em primeiro lugar, algo funcional, ministerial ou interessado. Somente a caridade e o amor evangélico podem ser a base dessa união. "Se nós amamos uns aos outros Deus está conosco, e o seu amor se realiza completamente entre nós" (1Jo 4,11-12). Sem esse amor, sem o projeto de sair de si mesmo para doar-se a Deus e aos irmãos, uma comunidade religiosa não existe e não pode ser profética neste mundo, que necessita urgentemente de nossa profecia de fraternidade. O alicerce de uma comunidade religiosa é o amor

---

[78] Ibidem, parág. 1251.
[79] SCHNEIDERS, op. cit., p. 60.

sexuado e somente esse alicerce vai determinar se uma comunidade religiosa é profética ou falsa.

Essa caridade e amor evangélicos na vivência comunitária necessariamente tocam em nossa sexualidade. Comunidade é uma questão de relacionamentos e, cedo ou tarde, os relacionamentos podem tocar na realidade de intimidade, e a intimidade tocar em nossa sexualidade. Pretender que uma comunidade religiosa seja puramente platônica é muita ingenuidade, mas foi exatamente isso que foi apresentado como um dos ideais no velho modelo de castidade.[80] Recentemente há sinais que comunidades religiosas aumentaram o aspecto funcional ou ministerial eliminado ou enfraquecendo, assim, a finalidade primária de amor e da necessidade de viver pelo propósito evangélico de caridade. Estamos falando da falta crescente de amizade e intimidade dentro da comunidade religiosa. Uma das finalidades da vivência comunitária, dentro do contexto da vida consagrada, é que cada membro tem o direito e o dever de buscar sua realização afetiva numa comunidade de pessoas do mesmo sexo. Ele/a quer amar e ser amado exatamente por pessoas concretas com as quais convive por amor, buscando apoio na fidelidade de sua consagração. Nós somos chamados a amar uns aos outros não idealisticamente, nem platonicamente, mas com os dois pés no chão. Nossa profecia de castidade ao mundo está exatamente nisso. Apesar das diferenças evidentes entre os membros de uma comunidade religiosa, nós amamos uns aos outros/as. *"E nós temos reconhecido*

---

[80] Ibidem, id., p. 62.

*o amor que Deus tem por nós e neste amor acreditamos. Deus é amor; quem permanece no amor, permanece em Deus e Deus permanece nele"* (1Jo 4,16).

Todos nós sabemos por experiência que uma igualdade na intimidade entre todos os membros duma comunidade é um sonho e não a meta da vida em comunidade. A amizade pode manifestar-se como um simples desejo sincero de querer o bem aos outros/as, mas também como um relacionamento profundo e afetivo que sexualmente realiza os dois/as.[81] Sempre haverá desigualdade na questão de intimidade. Até Jesus obviamente teve mais amizade e intimidade com João "o bem amado" do que com os outros onze (Jo 13,23). Mas um processo de conversão impulsiona cada irmão/a a tentar chegar até uma amizade e intimidade para com todos/as. Ao menos, é claro, nos evangelhos, em que não podemos marginalizar ou rejeitar nenhum de nossos irmãos/as, até os que pecaram contra nós (Mt 5,38-48). As colocações de Jesus no sermão do monte são radicais sobre o amor e o perdão de todos. *"Amem seus amigos, e rezem por aqueles que perseguem vocês. Assim vocês se tornarão filhos do Pai que está no céu, porque ele faz o sol nascer sobre maus e bons..."* (Mt 5,44-46).

O amor evangélico exige muito de nós no contexto comunitário. Toca no próprio alicerce de consagração que fala de um amor radical a Deus e ao próximo. Parece-me que recentemente há uma tendência a ficarmos sensíveis demais sobre nossos próprios sentimentos,

---

[81] Ibidem, id., p. 296.

nossas mágoas, nossas expectativas da vida comunitária, que um processo inicia-se para justificar atitudes "do mundo" e não do evangelho no meio da comunidade. Parece que exigimos demais dos outros, mas colocamos menos exigências para nós mesmos. Em poucas palavras, nossa profecia fraterna tem sofrido muito nas últimas gerações. Com a falta de viver os princípios evangélicos, a vida em comunidade nem sempre é o lugar ideal "onde se guardará" a castidade. Onde reinam a desconfiança, o desamor, a competição, a desvalorização do outro, os interesses somente pessoais e um individualismo doentio, é difícil viver na alegria nossa castidade como profecia. Desse modo, a comunidade não fornece um ambiente de amor mútuo que favorece a amizade, a intimidade e a realização sexual-afetiva. Assim, os problemas de afetividade e sexualidade começam a aparecer exatamente por causa da falta de amor na própria comunidade. Já que um religioso/a não encontra seu direito dentro da comunidade, busca-o fora da comunidade.

Somos desafiados pelos princípios evangélicos sobre a amizade, afetividade e a intimidade. A este respeito cito um texto de São Paulo aos Colossenses para nos dar uma ideia como possivelmente afastamo-nos desses princípios:

*"Agora, porém, abandonem tudo isso: ira, raiva, maldade, maledicência... Não mintam uns aos outros. Como escolhidos de Deus, santos e amados, vistam-se de sentimentos de compaixão, bondade, humildade, mansidão, paciência. Suportem-se uns aos outros e se perdoem mutuamente, sempre que tiverem queixa contra alguém. Cada um perdoe o outro, do mesmo modo*

*que o Senhor perdoou vocês. E acima de tudo, vistam-se com o amor, que é o laço da perfeição"* (Cl 3,5-15).

Refundação do amor evangélico em nossa vida comunitária é uma exigência e um sinal dos tempos que não podemos evitar mais. Nossos capítulos provinciais precisam urgentemente endereçar a crise de amor em nossas comunidades e investir na refundação da caridade, da amizade, da intimidade, de relacionamentos sadios e sexuados entre os membros de cada comunidade. Uma das razões que não atraímos vocações é porque os jovens candidatos/as veem claramente que não amamos uns aos outros/as e essa situação os escandaliza. É uma das razões por que há problemas e desvios sexuais nos membros de uma comunidade; porque não existe um ambiente de amor, carinho e afeição na comunidade. Superiores locais precisam ser muito mais pastores do que administradores e perceber os sinais que indicam uma atmosfera de desamor e convocar a comunidade à conversão, ao perdão e à reconciliação. Chamar a comunidade para assumir as atitudes evangélicas de bondade, mansidão, perdão e amor.

Uma dessas áreas que afeta nossa sexualidade e nossa capacidade de amar e sermos amados é a questão do perdão. Eu fico cada vez mais surpreendido (chocado) nos retiros e cursos que dou com a quantia de religiosos/as que simplesmente se recusam a perdoar seus coirmãos/ãs. Vivem uma vida de inferno para si mesmos/as, bem como criam um inferno para os outros na comunidade. Remoem constantemente a ferida aberta e não permitem que ela se feche. Fecham-se diante dos apelos de perdão do Senhor tão evidentes nos evangelhos. Há a necessidade de oferecer meios espirituais e psicológicos para que esses nossos irmãos/ãs possam superar seus bloqueios e assumir um confronto evangélico, onde são desafiados a procurar o amor, o perdão, a correção fraterna ao invés de viver uma vida azeda e antiprofética.

### e) Ascese cristã — caminho libertação

A ascese cristã, antigamente chamada de mortificação, é uma atitude cristã e evangélica correta. Ela reconhece que para vivermos autenticamente o evangelho e o projeto de consagração precisamos renunciar às coisas, às pessoas e a nós mesmos. "Se alguém quer me seguir, renuncie a si mesmo, carregue a sua cruz e me segue" (Lc 9,23). Todo o evangelho e as cartas de São Paulo estão claros sobre a necessidade dessa atitude cristã. No passado, antes do Concílio Vaticano II, essa orientação, infelizmente, foi até mórbida e exigiu coisas que hoje consideramos negativas e exageros nocivos. Também foi reduzida somente a uma orientação que desprezou o corpo e toda manifestação de sexualidade.

A ascese cristã aplica-se a toda a nossa vida cristã e também aos votos evangélicos. Cristo apresenta o desejo de a seguir numa forma radical que fala de renúncias. Cristo encarnado mesmo teve de viver uma vida de ascese para poder cumprir a vontade de seu Pai e para viver um amor radical ao Pai e à humanidade. Mas, talvez por causa de nossa formação inicial na vida consagrada, o conceito de ascese cristã foi muito orientado para o negativo, especialmente ao respeito do voto de castidade. Nossa vida foi cercada de asceses para nos fazer praticamente pessoas assexuadas para proteger nossa virgindade e castidade. Hoje em dia a ênfase sobre a ascese é mais holística e realista. Somos pessoas profundamente sexuais e precisamos administrar e orientar esse dom para o amor a Deus e ao próximo. Nosso corpo não é nosso inimigo, mas nosso amigo que pode ajudar-nos a cumprir esse voto com alegria e paz. Mas mesmo assim, é impossível viver esse voto sem algum tipo de ascese cristã. Sem renúncia nunca haverá uma atitude correta de amor sexuado em nossa profecia de castidade. A finalidade da ascese não é *negar* nossa sexualidade, mas ajudar-nos a amar melhor a Deus e ao próximo que está no centro de nossa consagração. A ascese nos ajuda a amar com mais autenticidade e numa forma sexuada.

## A ascese de liberdade

Liberdade ao respeito de nosso voto de castidade fala de nossa capacidade e de nossa vontade para orientar todas as manifestações de nossa sexualidade e de nossa genitalidade para a vivência autêntica desse voto. Somos donos de nossa sexualidade e podemos livremente determinar se nossa sexualidade seja orientada para "eu" (motivação egocêntrica e receptiva) ou para "o outro" (motivação outrocêntrica e oblativa). Nós, pelo voto de castidade, livremente optamos por nossa sexualidade sempre estar orientada em favor "do outro", seja Deus, seja nosso próximo. Prometemos diante da Igreja que nossa sexualidade estaria sempre orientada e motivada para uma pessoa, Jesus Cristo, e para o serviço aos outros pela motivação de amor. Não devemos usar nossa sexualidade para buscar o prazer ou o autoamor. Sua finalidade e motivação evangélicas é a doação de si mesmo para amar, que é o alicerce da aliança do Batismo e da consagração religiosa.

Sem ascese, essa orientação em favor "do outro" simplesmente não acontece. Nossa sexualidade é um forte dinamismo dentro de nós e, infelizmente, há uma forte tendência para orientar esse dinamismo para si mesmo, para o autoamor e para esquecer do amor evangélico que exige que pensemos e sirvamos ao outro/a. É muito mais fácil ser servido do que servir. É mais fácil buscar qualquer prazer e, no processo, optar por fechar nossos olhos e corações aos nossos irmãos/as em necessidade ao nosso redor. Somos donos de nossa sexualidade, mas não temos controle sobre as manifestações de nossa sexualidade em geral, e, em particular, das manifestações genitais de nossa sexualidade. As manifestações sexuais simplesmente acontecem. É uma parte essencial de nosso ser humano. Todo ser humano experimenta desejos, tendências, tentações e sonhos sexuais. É difícil escapar dessa realidade. O voto de castidade não nos livra magicamente dessa realidade. *Mas isto não significa que somos condenados a aceitar e acolher tudo que vem em nossa vida nessa área afetivo-sexual como alguns princípios da pós-modernidade promovem.* "Se for bom e prazeroso, então faça apesar das consequências na vida dos outros" é um princípio muito forte de nossa sociedade hedonista. "Deve pensar somente em si mesmo e em seu bem" é outro princípio psicológico da pós-modernidade que causa muito desamor em nosso meio e em nossos conventos.

Sou livre como uma pessoa consagrada para acolher ou rejeitar o que poderia desviar-me da vivência de meu compromisso celibatário e meu voto de amor radical a Jesus Cristo e aos meus irmãos/as. Meu voto de castidade significa que eu determino quem estaria no centro e quem seria o destinatário de minha vida afetivo-sexual, e essa pessoa é Jesus Cristo. Escolho livremente acolher uma abstinência sexual completa e perpétua somente para amar com "todo o meu coração indiviso" a Jesus Cristo e aos meus irmãos/as. O compromisso de consagração é um compromisso a uma pessoa, Jesus Cristo, vivendo um amor incondicional expresso numa forma particular, isto é, numa vida celibatária por toda a vida. O compromisso é uma doação total de si como dom que forma uma prioridade absoluta na vida do consagrado/a onde não existem condições sobre esse compromisso.[82] Aqui onde entra a questão de liberdade.

Quando as manifestações de minha sexualidade, afetiva ou genital, aparecem em minha vida, eu sou convidado pelo voto de castidade a orientar essas manifestações para "o outro" e rejeitar a opção pelo "eu". Este "outro", em primeiro lugar, é Jesus Cristo (a razão mística e a razão de um "coração indiviso"). E este "outro" é, também, toda pessoa que aparece em meu horizonte

---

[82] Ibidem. Id., p. 80.

que livremente opto por servir por amor em doação livre de mim mesmo (a razão apostólica).

Nossa formação sobre a castidade muitas vezes limitou-se às manifestações do genital e foi tão bitolada nos aspectos morais e legalistas. Portanto, toda manifestação de nossa sexualidade já foi julgada como se fosse um pecado. Hoje, quase nenhuma teologia moral aceitaria essa posição. Somente torna-se pecado quando faço uma opção com "sangue frio" para querer esse pensamento ou ato. Sem vontade completa, não pode haver um pecado sério. Entra aqui, de novo, a ascese. Eu não tenho controle sobre a vinda dos pensamentos, mas tenho controle sobre minha orientação diante da situação. Eu tenho controle para orientar tudo para o amor e para "o outro". Por isso, a primeira coisa que precisamos reconhecer é acolher o fato que vamos ter, sem dúvida, muitos pensamentos sexuais e muitos possíveis convites para desvios em nossa vida afetivo-sexual. Esse fato não significa que sou infiel ao meu voto de castidade. Mas preciso ter a coragem e a paz para primeiro acolher, e depois para orientar profeticamente todas essas manifestações ao amor a Cristo e ao meu próximo. Exige renúncia, exige ascese, exige graça. Conhecendo meus pontos fortes e pontos fracos nessa parte essencial de minha vida, eu, calmamente acolho a mim mesmo e respeito minhas potencialidades e fraquezas. Autoconhecimento e auto--aceitação são os caminhos para a libertação dos desvios de minha sexualidade. Começo reconhecendo na fé que Deus me ama e me vê com toda a minha sexualidade, e Ele me ama sem condições. Ele é compassivo com minhas fraquezas nesse campo afetivo-sexual. Mas Ele também me dá sua graça para poder orientar todos os desvios afetivo-sexuais para o amor e a doação de si. Mas essa atitude exige renúncia. O grande sinal de um amor autêntico e celibatário na castidade é minha vontade e meu desejo para fazer dessa orientação algo vivo, alegre e generoso. É exatamente por causa dessa renúncia e dessa orientação, livremente assumidas por amor, que Deus, em resposta, fica apaixonado por seu consagrado/a.

## Confronto com os desequilíbrios afetivo-sexuais

Nós já vimos no capítulo anterior essa questão de desequilíbrio afetivo-sexual.[83] Não há nenhuma garantia pelo voto de castidade que um dia eu não vou me achar num desequilibro afetivo-sexual com alguém. O desequilibro em si não é o problema. *O problema está em o que opto livremente a fazer com o desequilibro.* Aqui entra a ascese sobre o voto de castidade.

Vimos já que há três possibilidades de desequilíbrio em nossa vida afetivo-sexual: o problema pode estar comigo; o problema pode estar com o outro/a; ou o problema pode estar com os dois/as envolvidos. Os três possíveis problemas têm, de fato, a mesma resposta: a ascese, a renúncia e a honestidade para assumir meu compromisso diante da consagração e do voto de castidade. O processo

---

[83] Cf. Capítulo III, p. 78.

de ascese e de conversão começa em assumir com honestidade a situação em que nos achamos e diante do nosso compromisso livremente assumido pelo voto de castidade. Sem honestidade, há somente uma procura para justificar o que sabemos em nosso coração não é justificável. Sem honestidade optamos por uma situação de fechamento diante da verdade que pode nos libertar. Sem honestidade optamos para não ficar num estado de insatisfação que nos chama a buscar alternativas concretas numa conversão concreta para endireitar, orientar e sarar o desequilíbrio.

Como em qualquer desequilíbrio ou desvio, quanto mais cedo chegarmos à honestidade, mais fácil será encontrar a solução para esse desequilíbrio afetivo-sexual. Quanto mais demoramos para nos confrontar com o problema, mais difícil é a solução. O problema muitas vezes é um medo de nos abrir com os outros/as sobre a nossa situação. Imaginamos que somos os únicos/as que passamos por esse problema, ou sentimos vergonha sobre como foi possível chegar até essa situação. Por isso, decidimos resolver o problema *sozinho/a,* que é a pior alternativa nesse momento. Precisamos de ajuda fraterna para que essa pessoa amiga possa mostrar-nos "as árvores no meio da floresta", que não estamos enxergando por causa das fortes emoções envolvidas. Somente um bom amigo/a, confessor, orientador/a, psicólogo/a podem ajudar-nos a enxergar a verdade da situação em que nos encontramos. Eles podem levar-nos a assumir a honestidade da situação. A situação é emocional demais para resolver sozinho. Precisamos de alguém que honestamente possa apresentar-nos algumas alternativas para superar essa situação. Aqui entra de novo a ascese. A decisão para procurar essa ajuda e a abertura para ouvir e acolher a ajuda de outros/as são sinais de ascese e de honestidade de nossa parte. Os/as que já procuraram e experimentaram a caridade fraterna dos outros podem contar-nos como foi uma ajuda incalculável em sua caminhada na consagração e na fidelidade. Há muitos casos em que os religiosos/as se recuperam do desvio e são mil vezes melhor por esse passo em sua consagração porque tiveram a ascese de buscar a ajuda.

É claro, mais uma vez, que uma comunidade aberta para acolher nossas fraquezas, perdoar-nos e incentivar-nos vai facilitar esse processo de buscar ajuda. Uma comunidade fechada que somente condena vai imensamente dificultar a busca dessa ajuda fraterna. Uma comunidade cheia dos princípios evangélicos é o que mais ajudaria um co-irmão a salvaguardar a castidade.

## Abertura ao Espírito Santo

Um grande caminho para a libertação na integração de nossa sexualidade como algo bom, santo e positivo é a necessidade de acolher toda a nossa realidade sexual. O primeiro passo é a pacífica aceitação que somos compostos de fortalezas e fraquezas em nossa sexualidade. Que possuímos uma história de crescimento fabuloso acolhendo nossa sexualidade como uma criação de Deus com a capacidade de criar novos seres e a capacidade de sair de nós mesmos para criar vida nos outros por meio de nossos serviços. Mas também precisamos acolher que possuímos experiências em nossa sexualidade que não foram boas e que nos marcaram negativamente. Todos os consagrados/as são compostos desses dois elementos em sua sexualidade. Mas é impressionante como tentamos rejeitar essa realidade e tentamos fingir que as coisas negativas existiram e ainda existem em nossa realidade sexual. Sem acolher nossa totalidade sexual não podemos iniciar o caminho para a libertação.

O caminho de libertação começa quando percebo na fé que Deus, por meio de seu Espírito Santo, quer libertar-me dos bloqueios que não me deixam viver na alegria e na paz toda a história de minha sexualidade. Deus quer curar, sarar e libertar seus consagrados/as para que possam viver na plenitude e na profecia sua castidade. Deus quer fazer de nós seres totalmente sexuados e, assim, profetizamos o próprio amor da Trindade por meio das manifestações de nossa sexualidade integrada.

Para que esse processo de cura e de libertação possa acontecer, precisamos descobrir a rezar pela nossa sexualidade em sua totalidade. Aprender a agradecer a Deus pelo dom de nossa sexualidade que nos faz "pessoas" e nos faz "divinos" com a capacidade de criar vida por meio da livre doação de nós mesmos aos outros. Aprender a reconhecer na pobreza todos os aspectos bonitos de nossa sexualidade e genitalidade e devolver estas maravilhas de volta a Deus em consagração. "O Senhor fez maravilhas em mim, e Santo é o seu nome." Aprender a respeitar meu dom de sexualidade e devolvendo este dom a Deus através do voto de castidade. Queremos fazer de nossa capacidade de amar e sermos amados um dom oferecido alegremente e generosamente a Deus cada dia de nossa vida. E na pobreza precisamos pedir por um crescimento contínuo na capacidade de doar-nos aos outros para que possamos ser profecias do amor de Deus no meio da comunidade e no mundo.

Mas esse processo também significa que na oração eu sou capaz, sem nenhuma vergonha, de falar com Deus sobre aquelas partes e manifestações de minha sexualidade que ainda estão sofrendo limitações, defeitos e de experiências dolorosas do passado. Falar especialmente daquela parte de nossa sexualidade que toca em nossa genitalidade. É impressionante como muitos religiosos/as ainda sofrem por causa da realidade de sua sexualidade. Sentem vergonha, medo e autocondenação a respeito de seu passado e suas experiências genitais sejam sozinhos ou com outras pessoas. Muitos religiosos/as sofreram quando adolescentes experiências genitais impostas por adultos, mas que numa releitura dessa experiência colocam toda a culpa neles/as mesmos/as. Alguns/as receberam o perdão de Deus no Sacramento de Reconciliação, mas ainda se sentem tão "sujos/as" diante de Deus que têm medo de tocar no assunto e continuam reconfessando e recondenando a si mesmos/as.

O primeiro passo de libertação é calmamente abrir-se com Deus sobre seus sentimentos em relação às suas experiências do passado. Deus não julga. Deus escuta. Deus é compassivo. Deus é empático e sofre com você sobre esse assunto. Deus quer que saibamos que a maioria de nossas experiências sexuais do passado foi por causa de nossa fraqueza ou ignorância e não por malícia. Podemos sentir a liberdade de finalmente expressar nossos sentimentos de raiva, de autocondenação e descobrir que Deus, de fato, nem está muito interessado nestes assuntos. Ele simplesmente quer que assumamos nosso passado, o perdão dele e começamos o caminho para a libertação. O grande agente nessa cura é o Espírito Santo. Ele é profundamente manso e me acolhe em seu amor incrível. Ele me faz sentir seguro e amado/a em sua presença. Ele me mostra que seu perdão me cerca e não devo duvidar mais disso. Ele começa o processo de sarar as feridas com seu amor incondicional. Ele me faz sentir "limpo" porque lava toda sujeira com o sangue do cordeiro na cruz.

O segundo passo nessa libertação, depois do assumir, é buscar superar o que não me deixa viver com alegria minha castidade religiosa. *Sem querer superar meu passado não há cura.* Aqui entra a ascese. Ascese nesse sentido significa o processo de achar meios concretos para superar o que ficou gravado no meu coração sobre minha sexualidade. A ascese significa que não caio no fatalismo de que sempre serei condenado a viver como vivia no passado. Ascese significa que passo de teorias para assumir uma vida concreta de conversão que me liberta de minhas tendências e desvios sexuais.

## 4. Perguntas para ajudar na partilha comunitária

1) O voto de castidade busca efetivamente uma amizade amorosa com a pessoa de Jesus Cristo. Quais são os meios que você usa para aumentar e cultivar essa amizade com Cristo? Poderia partilhar isso com o resto da comunidade?

2) Como você cultiva a oração de contemplação em sua vida? Você percebe que a contemplação não é só amar a Deus, mas também é ser amado por ele? Você sente que o amor a Cristo esfriou desde o início de sua vida consagrada? O que mais causou ou causa esse esfriamento? Como pode superar esse esfriamento?

3) Qual é a importância verdadeira da Eucaristia em sua vida? Você acha que a celebração da Eucaristia se tornou algo automático e formal em sua vida sem o fogo de intimidade com Deus, ou ainda é mesmo o centro de toda a sua espiritualidade? Poderia partilhar o que ajuda você nesse sentido e o que atrapalha?

4) Como vão as amizades entre seus coirmãos/ãs na comunidade e na Província? Você se sente amado/a por seus coirmãos/ãs? Você ama com facilidade seus coirmãos/ãs. O que facilita esse amor comunitário e o que atrapalha? Como a comunidade pode melhorar para ser uma profecia de amor no mundo?

5) Você foi magoado/a na vivência comunitária no passado e, por isso, tem medo de buscar amizades com seus co-irmãos/ãs? Como sentiu? Pode acreditar agora que tudo isso é passado e que não precisa ter mais medo do presente?

6) Como podemos e devemos agir diante de qualquer desequilíbrio sexual em nossa vida de castidade? Já experimentou essa situação em seu passado? Poderia partilhar esse assunto com os outros/as?

7) Você, em sua caminhada na vida celibatária, percebe que precisa ou não precisa de ascese cristã? Poderia explicar sua resposta aos outros/as?

# CONCLUSÃO

Tentamos mostrar neste livro que o voto de castidade é uma aventura evangélica no amor. A castidade é algo bem positivo que realiza a pessoa consagrada humana e espiritualmente. Além de ser uma aventura no amor, o voto de castidade é também um grande desafio para profeticamente demonstrar em nossos tempos o amor de Cristo por meio da profecia de nossas pessoas e ações. Esse desafio não é fácil, especialmente em nossa sociedade que questiona ou duvida de seu valor. É um voto que realiza um consagrado/a completamente, mas, ao mesmo tempo, exige necessariamente uma vida assumida de renúncia evangélica. Castidade é ao mesmo tempo realização e renúncia, mas uma renúncia que liberta a pessoa que quer viver radicalmente o convite de Cristo: "Vem e segue-me". A vivência do voto começa lá. *É um convite e um dom de Deus*. Ninguém pode ousar assumir esse caminho sem a graça de Deus. *"... e há também aqueles que se abstêm do casamento por amor do reino dos céus. Quem puder entender, que entenda!"* (Mt 19,12; 1Cor 7,25-35). É uma vocação. É um convite para assumir o mesmo ser e agir castos de Cristo encarnado e sexuado. Cristo primeiramente amou seu Pai numa forma radical e igualmente amou a humanidade. Cristo optou livremente por viver a castidade. Sim, castidade continua sendo uma aventura de amor no sentido evangélico porque fala de um projeto de esquecer de si em favor do outro, de esvaziar-se em favor do outro, de doar-se em favor do outro para continuar Cristo casto em nosso tempo. Esse "outro" tem um rosto específico: é o rosto de Deus, o rosto dos nossos irmãos/as em comunidade e é o rosto do povo de Deus, sobretudo, dos pobres. E quem assume vocacionalmente esse convite, esse dom de Deus e suas renúncias, *motivado pelo amor*, será feliz "se o puseram em prática" (Jo 15,17).

O voto de castidade continua sendo uma grande fonte de controvérsia no mundo. Há alguns na Igreja e fora da Igreja que entendem o significado e a profecia desse voto. Eles apreciam os/as que vivem fielmente esse projeto de consagração religiosa e seu significado na Igreja e no mundo. Mas há um grande número que ainda não entende nem o sentido, nem a profecia do voto de castidade. Para muitos, quem vive livremente a castidade evangélica neste mundo moderno é um candidato/a a entrar no manicômio. Mas a profecia está exatamente nisto: *na loucura do amor em favor do Reino de Deus*. É loucura acolher esse convite de Jesus para segui-lo na vivência da castidade. É loucura livremente escolher renunciar a seu direito de se casar e gostar de um amor exclusivo com um marido ou com uma esposa e de ter o direito de formar uma família. É loucura alargar seu coração para amar a Deus na radicalidade, abraçando e amando toda a humanidade em imitação de Cristo Redentor. E é essa loucura que faz o voto de castidade uma profecia neste mundo cercado de hedonismo, individualismo doentio e interesses egoísticos. É essa loucura que automaticamente coloca os religiosos/as no limiar ou na margem da sociedade e os/as fazem diferentes em nome de Deus. Os/as que livremente e alegremente assumem esse santo desafio vivem no mundo, mas declaram com voz forte e profética que *"não são do mundo"* (Jo 15,19; 17,14-16). E como em qualquer profecia, alguns vão entender e acolher a mensagem e até entrar na conversão deixando alguns valores distorcidos do mundo sobre sua sexualidade para acolher os valores evangélicos que os religiosos tentem viver e profetizar. E outros aumentarão seu fechamento diante da profecia, porque "têm ouvidos e não ouvem, e têm olhos, mas não vêem" (Mt 13,14-16). Alguns fazem uma opção por não ver e entender porque essa opção os livrará da necessidade de conversão. E assim começa a perseguição dos que vivem essa profecia por amor radical por meio do voto de castidade. Alguns, fortemente questionados, tentam apagar a profecia da castidade religiosa porque incomoda, questiona e até condena.

Na mídia, a vida religiosa como uma maneira de viver o sacramento do Batismo, recentemente sofreu ataques por causa dos escândalos sexuais de alguns padres e religiosos/as, que todos puderam ler nos jornais ou ver na TV. Os críticos da castidade insistem categoricamente que o voto de castidade e suas exigências foram *as únicas causas* de todos estes crimes sexuais, e que esses abusos praticamente só existem entre religiosos/as e padres. Parece que a imprensa gosta de explorar estes abusos, insinuando que todos os consagrados/as são iguais, e automaticamente envolvidos nos mesmos crimes, porque professam o mesmo voto de castidade. Mas, em contraste, a imprensa e a televisão quase nunca contam a boa notícia da vida da maioria de religiosos/as que vivem com fidelidade seu voto de castidade. É uma injustiça que a maioria dos religiosos/as paguem pela fraqueza de poucos. Os críticos da castidade querem apagar a profecia da maioria dos religiosos/as que acusa sua maneira de ser e viver sua sexualidade. Cristo bem profetizou esta situação dolorosa: *"Se o mundo odiar vocês, saibam que odiou primeiro a mim. Se vocês fossem do mundo, o mundo amaria o que é dele. Mas o mundo odiará vocês **porque vocês não são do mundo**"* (Jo 15,18-19).

A respeito de nossa profecia, sinto que precisamos achar novas maneiras de viver ou expressar nossa castidade neste mundo atual. Velhas maneiras monásticas não falam muito para os membros de nossa sociedade atual como roupa distintiva, clausura etc. A essência da castidade religiosa continua sendo clara: um amor radical e sexuado direcionado livremente a Deus e à humanidade. Mas essa essência precisa ser visível para ser profética e ser entendida. Os castos pelo Reino de Deus têm de ser em primeiro lugar homens e mulheres sexuados e apaixonados por Deus e inseridos nas lutas pela libertação da humanidade. Precisamos de novos modelos para que nossa profecia casta possa ser entendida por uma geração cercada pelo hedonismo. Precisamos de nova roupa na vivência de nossa castidade para poder atrair os jovens que querem abraçar esse modo de viver o seguimento radical de Cristo. Precisamos de novos meios visíveis para mostrar para esses vocacionados/as que somos realmente apaixonados por Cristo e somos amados/as por ele, e queremos continuar seu projeto de copiosa redenção no meio do mundo. Como fazer tudo isso visível é nosso desafio hoje. Precisamos ter coragem buscando novos meios proféticos como o movimento de inserção depois do Concílio Vaticano II onde o povo podia ver mais de perto nossa profecia de amor casto por meio de nossos serviços alegres e gratuitos.

Precisamos de novos modelos de formação inicial para purificar as antigas estruturas e tabus que apagaram a capacidade de aprender a amar e ser amados e que tentaram fazer dos consagrados/as pessoas assexuadas e alienantes. Isso vai precisar também mexer com nossos modelos e estruturas desumanas e assexuadas de viver em comunidade e como devemos tratar o povo de Deus em nossos apostolados. Precisamos de novos modelos para aprendermos a ter amizades profundas com nossos co-irmãos/ãs em comunidade. Esse novo modelo precisa cultivar nossa sexualidade em favor do reino de Deus fazendo dos/as consagrados/as pessoas altamente capazes de amar e serem amadas. Pessoas consagradas sem medo de expressar sinais sexuados de amor e de sua opção por viver a castidade no mundo.

Precisamos redescobrir a parte de castidade espiritual que fala do amor de Deus em nossas vidas por meio de uma vida sincera de oração contemplativa. Este aspecto contemplativo foi altamente esquecido recentemente na vida consagrada com resultados negativos a respeito de nossa sexualidade e de nossa consagração. Sem uma vida contemplativa de amor mútuo entre Deus e seus consagrados/as é quase impossível viver a castidade. O ponto central e espiritual da castidade é a experiência diária que Deus nos ama sem condições e que ele pede de nós diante desse amor uma resposta de castidade (Is 43,6-11). Somos chamados a profetizar o amor de Deus por meio de nossa castidade que descobrimos no diálogo amoroso entre Cristo e seu consagrado/a.

Precisamos achar e cultivar meios para expressar nosso amor numa maneira sexuada e evangélica para cativar os corações do povo de Deus, especialmente os mais pobres por meio de nossos serviços alegres e generosos. O povo tem de ver e experimentar nosso amor sexuado numa maneira visível. Castidade não é teoria, mas sim, vida.

O desafio começa em achar meios de mudar, melhorar e atualizar nosso sistema de formação inicial e permanente. As congregações e ordens precisam investir mais na formação contínua sobre esse voto de castidade. O desafio é como podemos ser profetas do reino sem sermos ao mesmo tempo alienantes? Como podemos ser honestos com as exigências da castidade evangélica sem "ser do mundo?" Como podemos ser profeticamente diferentes, e ainda atrair outros/as para assumir o mesmo caminho de Cristo pelo Reino? Tudo isso é o grande desafio da promoção vocacional e da formação inicial e permanente. Por isso, precisamos de formação permanente e questionamentos constantes para alcançar a fidelidade em nossa missão profética na Igreja e no mundo. Precisamos mais contato com o mundo, inserção, sem ter medo de sermos atingidos pelo mundo. Precisamos mostrar cada vez mais que somos pessoas sexuadas, mas castas em favor do reino. A profecia exige que sejamos convictos e alegres em nossa opção de vida.

Estou convicto que os religiosos/as precisam de formação permanente em todas essas questões. Mas para que isso possa acontecer precisamos da ajuda dos peritos das congregações e ordens aqui no Brasil. Há pouca literatura, em português, séria, profissional, e, sobretudo, simples, ao nosso dispor para entender melhor esses assuntos sobre afetividade e sexualidade. Precisamos ajudar especialmente os formadores/as sobre a maneira de apresentar aos formandos/as esse voto de maneira holística, teológica, psicológica e antropologicamente sadias. Só assim podemos sair de uma estrutura jansenista e puritana sobre a vivência desse voto que ainda está sufocando uma vivência profética, porque ela sufocou sua beleza. Infelizmente, ainda existem traços dessa visão estreita e reducionista sobre o voto de castidade em algumas congregações masculinas e femininas. Mais uma vez, há uma tendência para tentar reduzir o voto de castidade para somente ao aspecto virginal e, por isso, tudo e todos/as são injustamente "perigosos" contra a manutenção de sua castidade. O espaço ganho numa visão mais teológica e humana está sendo perdido por causa desse movimento que quer voltar ao passado e às velhas estruturas. Por isso, o apelo para a orientação mais profissional é absolutamente necessário nesse momento.

Acredito que é muito importante que os promotores vocacionais e os formadores em todos os níveis sejam totalmente honestos com os formandos/as a respeito de sua capacidade para viver ou não uma vida celibatária. Apresentamos para eles/as toda a beleza do projeto evangélico do seguimento radical de Cristo que inclui a castidade evangélica. Mas é necessário também ser honestos em apresentar para eles/as os desafios e os obstáculos para uma vivência alegre nesse compromisso em favor do Reino. Precisamos desafiar sua formação errada no campo da sexualidade para que possam, como adultos, assumir os desafios que esse voto apresenta. Eles/as têm de serem preparados para ficar na margem da sociedade como profetas e profetisas e serem alegres em sua escolha e dependentes da graça de Deus e do apoio de uma comunidade de coirmãs/ãs. Precisamos necessariamente tocar nos assuntos de sexualidade, orientação sexual, experiências no passado e realidades sobre nosso ser sexuado. Não podemos ficar com uma orientação que fala para "anjos" e não pessoas totalmente sexuadas. O assunto de castidade é delicado, mas precisa ser confrontado para o bem do indivíduo, da comunidade e da Província. A realidade dura é que nem todos os candidatos/as estarão prontos para assumir esses desafios. Seu passado ou sua situação atual no presente não permitirão uma capacidade e alegria interna para poder acolher e viver esse voto sem evidentes infidelidades e desilusões no cumprimento dos compromissos da vida consagrada e celibatária. Não podemos condená-los a uma vida de frustração profunda. Seríamos culpados se permitíssemos que alguém assumisse essa vida sem ter condições para vivê-la. Por isso, *a honestidade na avaliação* dos candidatos em todos os níveis é nossa meta e não a norma de preocupação com números ou etapas cumpridas. Precisamos orientar esses candidatos incapacitados para outras maneiras de viver seu Batismo neste mundo e na Igreja. Não devemos passar para a vida consagrada noviços/as que já mostraram individualmente ou comunitariamente que não são capazes de viver uma vida de profunda doação de si mesmos. No fim, eles/as, a comunidade, a Província e a Igreja vão sofrer juntos.

A vivência da castidade, cedo ou tarde, volta ao aspecto comunitário. A castidade necessariamente é vivida num contexto comunitário segundo as estruturas atuais e tradicionais da vida consagrada. Exercemos nossa castidade numa comunidade com pessoas específicas e nossos apostolados por meio de uma comunidade. E a comunidade aqui não é uma ideia, mas pessoas com rostos concretos. O Concílio Vaticano II foi certo quando disse que "... mais seguramente se guardará a castidade se entre os membros floresce a verdadeira caridade fraterna na vida comum".[84] A formação permanente na castidade começa com a reforma de nosso estilo de fraternidade. Precisamos refundar uma verdadeira atmosfera de fraternidade na comunidade para que possa "florescer" uma verdadeira castidade dentro e fora da comunidade. Não há segredos aqui, e nunca houve desde o começo da vida consagrada no século IV. Onde reinam a caridade, a fraternidade, o amor, o perdão e a aceitação verdadeira entre os membros da comunidade, então a

---

[84] *Compêndio do Vaticano II*, op. cit., parág. 1251.

vivência da caridade-castidade floresce apesar dos problemas humanos que sempre aparecem. Mas, onde não existem a caridade, o desamor predomina e atrapalha profundamente a vivência e a profecia da castidade. É tão simples, mas chocante, que uma das razões principais da falta da profecia da castidade profética nos religiosos/as é a falta de amor no contexto comunitário. Talvez nossas províncias precisem investir primeiro nesse assunto de amor fraterno antes de tocar no assunto de castidade em si. Precisamos redescobrir o que significa amor mútuo e amizade evangélica num contexto comunitário antes que possamos ser profetas e profetisas do amor na Igreja e no mundo. Mais uma vez, estamos falando da necessidade de muita formação contínua na arte de amar evangelicamente que é comprometedora. Precisamos aprender novas técnicas de diálogo e partilha individual e comunitária. Precisamos regular nossas atividades frenéticas para que possamos investir sinceramente em estruturas que possam animar a amizade entre nossos coirmãos/ãs. Precisamos de momentos fortes de qualidade para estar juntos. E, finalmente, precisamos confrontar-nos com um individualismo doentio que tem invadido notavelmente as estruturas de nossas comunidades, matando toda tentativa de buscar a fraternidade evangélica, pois individualismo doentio é o oposto da castidade, que é a doação de si mesmo aos outros membros da comunidade.

Para terminar, gostaria de cantar os louvores de tantos religiosos/as que me inspiraram durante todos os anos de minha formação e de minha vivência desse voto. Eu me senti profundamente questionado por suas vidas, seu exemplo e a testemunha de sua doação radical a Cristo e aos seus irmãos/ãs. Posso dizer, com honestidade, que nunca estaria aqui hoje como uma pessoa consagrada sem a ajuda e o exemplo deles/as. Que Deus lhes pague em dobro por suas vidas proféticas.

Que os consagrados e leigos tenham a coragem de viverem com alegria esse santo desafio de castidade neste mundo moderno. É umas das profecias que nosso mundo pós-moderno precisa ver em nós, pessoas consagradas e leigas. Que Cristo casto e Maria casta ajudem-nos a viver na fidelidade nosso compromisso de castidade "em favor do Reino".

# ÍNDICE

Introdução ................................................................... 3

**I. Modelos na prática do voto de castidade** ............. 9
1. Antes do Concílio Vaticano II ................................ 10
2. Consequências desse modelo ............................... 15
3. Depois do Concílio Vaticano II .............................. 22
4. Algumas consequências .......................................... 27
5. Perguntas para ajudar na partilha comunitária ..... 38

**II. A teologia do voto de castidade** ......................... 41
1. Introdução ............................................................... 41
2. A teologia do voto de castidade ............................. 44
a) O plano original do Pai ........................................... 45
b) O pecado entrou no mundo .................................. 47
c) O acontecimento do Verbo Encarnado ................ 51
d) A Encarnação ......................................................... 55
e) A Eucaristia ............................................................. 57
f) A Paixão ................................................................... 60
3. As quatro razões teológicas sobre castidade ......... 61
Primeira razão: "Um coração indiviso" ..................... 62
Segunda razão: A razão mística ................................. 67
Terceira razão: A razão apostólica ............................. 73
Quarta razão: A razão escatológica ........................... 78
Algumas reflexões sobre as quatro razões teológicas ....... 80
Perguntas para ajudar na partilha comunitária ......... 88

**III. A prática do voto de castidade**
1. Introdução ............................................................... 91
2. Nossa realidade e a necessidade de humildade ..... 94

3. Nossa sexualidade é algo positivo e reflete o
   Criador .................................................................. 100
4. Alguns obstáculos na vivência da castidade ........ 104
a) Processo de maturação ........................................ 104
b) A necessidade de formação ................................ 107
c) Confronto com nossos sentimentos .................... 111
d) Necessidade de autoestima ................................. 114
e) Um "coração torto" ............................................. 118
f) Orientação sexual ................................................. 124
g) Amizade no contexto da castidade na vida comunitária.... 131
h) Castidade e solidão .............................................. 140
i) Perguntas para ajudar na partilha comunitária ... 143

**IV. O aspecto espiritual do voto de castidade** ............ 147
1. Introdução ............................................................. 147
2. Amizade com Cristo .............................................. 149
a) Convite para entrar no rabinato de Jesus ............ 152
b) Um amor sexuado entre
   Cristo e seu consagrado/a .................................... 156
c) O processo de configurar-se a Jesus Cristo ......... 161
3. Meios para fortalecer a vivência da castidade ..... 167
a) Oração de contemplação ..................................... 167
b) Devoção eucarística ............................................. 172
c) Devoção afetuosa a Maria .................................... 175
d) Amizade entre os irmãos/ãs religiosos/as ........... 177
e) Ascese cristã — caminho de libertação ............... 183
   A ascese de liberdade ........................................... 184
   Confronto com os desequilíbrios afetivo-sexuais ...... 188
   Abertura ao Espírito Santo ................................... 190
4. Perguntas para ajudar na partilha comunitária ... 193

**Conclusão** ...................................................................... **195**

Este livro foi composto com as famílias tipográficas Arial e Minion Pro
e impresso em papel Offset 75g/m² pela **Gráfica Santuário.**